CB137427

FERROVIA ESSENCIAL

Copyright © 2019 **José Manoel Ferreira Gonçalves**
Kotter Editorial
Direitos reservados e protegidos pela lei 9.610 de 19.02.1998.
É proibida a reprodução total ou parcial sem autorização, por escrito, da editora.

Coordenação editorial: Sálvio Nienkötter
Editor-adjunto: Raul K. Souza
Revisão: Guilherme Conde Moura Pereira
Projeto gráfico e editoração: Bárbara Tanaka
Produção: Cristiane Nienkötter e Maria Luiza Carvalho

Dados Internacionais de Catalogação na Publicação (CIP). Angélica Ilacqua CRB-8/7057

Gonçalves, José Manoel Ferreira
Ferrovia essencial / José Manoel Ferreira Gonçalves. – Curitiba : Kotter Editorial, 2019.
200 p.

ISBN 978-65-80103-12-6

1. Ferrovias - Brasil 2. Transporte ferroviário - Brasil 3. Transporte ferroviário - Brasil - Aspectos econômicos 4. Transporte ferroviário - Brasil - Aspectos sociais I. Título

19-0513 CDD 385.0981

Texto adequado às novas regras do acordo ortográfico de 1990, em vigor no Brasil desde 2009.

Kotter Editorial
Rua das Cerejeiras, 194
82700-510 | Curitiba/PR
+55 41 3585-5161
www.kotter.com.br | contato@kotter.com.br

Feito o depósito legal
1ª edição
2019

FERROVIA ESSENCIAL

José Manoel Ferreira Gonçalves

KOTTER
EDITORIAL

Sumário

Planejamento integrado

Matriz de transportes

PREFÁCIO

A transição de um sistema de monopólio estatal para um sistema privado é complexa em qualquer lugar ou tipo de serviço. De um lado, há a natural tentativa do novo prestador de tentar manter o sistema monopolizado, em benefício de uma racionalidade econômica própria.

Por outro, o governo demora a entender seu papel de árbitro nos conflitos entre privados, clientes e prestadores, e de garantidor da segurança necessária para que os investimentos no setor prossigam e, com eles, a melhoria da qualidade.

No setor ferroviário brasileiro, a complexidade da transição tem o que se pode considerar o grau máximo. Diferentes atores, todos de porte pesado, disputam sobre a melhor maneira de funcionamento de um sistema que traz consigo uma difícil herança de defasagem por quase um século de baixos investimentos no setor.

A defasagem de infraestrutura e tecnológica faz com que também tenhamos baixa capacidade para debater os temas relevantes do setor. Faltam estudos qualificados, levantamento de dados, pesquisa nas quantidades necessárias para uma boa tomada de decisão por parte dos agentes.

Ferrovia Essencial chega para ajudar a fomentar um necessário processo no Brasil de qualificação do debate sobre o tema ferroviário. Seu intuito é formar cidadãos mais conscientes sobre o funcionamento da logística no país e os benefícios que decisões corretas e racionais podem trazer a todos, quando direcionadas ao bem comum.

Num país de grande extensão territorial que vê como cada vez mais necessária a interiorização do seu desenvolvimento, o papel da ferrovia será primordial. Para isso, ela terá que atender a uma configuração diferente da atual, tornando-se instrumento de integração.

Nesse contexto, a obra apresenta a ferrovia como mais que uma prestadora de serviço de transportes, pensando-a como instrumento para o crescimento sócio, ambiental e economicamente sustentável.

Nada no sistema ferroviário é barato, rápido ou simples. Investimentos em ferrovia sem planejamento derrubam impérios econômicos no mundo todo. Portanto, será de grande valia fomentar estudos independentes, profundos e rotineiros sobre o tema. Sem isso, vamos continuar parados na mesma estação.

Dimmi Amora, jornalista, é editor-chefe da Agência iNFRA

TEMA ESSENCIAL AO DESENVOLVIMENTO

O Brasil precisa vencer inúmeros e complexos desafios para se tornar uma nação desenvolvida, que garanta condições de vida digna à sua população e que se insira de forma soberana e qualificada na economia mundial. Entre eles, está certamente a necessidade de superar sua fragilidade logística e a irracionalidade de sua matriz de transportes, majoritariamente dependente do modal rodoviário, exatamente o mais caro, perigoso, poluente e ineficiente.

Não se trata de abolir o transporte pelas estradas, que teria papel importante, sobretudo na integração, cobrindo distâncias menores. Mas é preciso lançar mão das alternativas disponíveis, como, por exemplo, uma rede fluvial navegável da ordem de 40 mil km hoje subutilizada. E, evidentemente, é urgente incrementar a participação da ferrovia. Segundo dados disponíveis, essa transporta apenas cerca de 20% da carga que circula pelo País. O Brasil, que tem dimensões continentais, possui escassos 30 mil km de trilhos. Para se ter uma ideia, essa extensão é 14 vezes menor que a existente nos Estados Unidos. Mais grave, grande parte dela está desativada. E, completando a situação precária, a operação se dá por composições que funcionam à velocidade média de 15km/h.

Tal quadro é descrito pelo engenheiro José Manoel Ferreira Gonçalves neste novo trabalho, cujo título – "Ferrovia: essencial" – aponta claramente para a relevância da questão. Não será possível garantir competitividade à produção nacional e avançar em pontos como segurança e redução da poluição sem enfrentar efetivamente a demanda pela retomada e aprimoramento das estradas de ferro no Brasil. Na obra, para além de expor a conjuntura do setor, Gonçalves aborda conceitos essenciais e traça um panorama histórico preciso, propiciando leitura valiosa a profissionais, estudantes e cidadãos interessados no assunto.

O presente livro é certamente ferramenta fundamental a todos que compreendem a necessidade de colocar as ferrovias brasileiras no centro do debate de forma qualificada. Ao dividir com o público seu conhecimento e experiência, o autor amplia sua já enorme contribuição à luta pelo desenvolvimento nacional. Que sua leitura nos inspire a todos a nos engajarmos nessa batalha.

Murilo Pinheiro é presidente do Sindicato dos Engenheiros no Estado de São Paulo (Seesp) e da Federação Nacional dos Engenheiros (FNE)

BRASIL NOS TRILHOS

O Brasil merece ter grandeza econômica compatível com sua grandeza geográfica. Somos um país continental que enfrenta problemas sérios, um dos quais a falta de competitividade em razão do alto custo da logística.

Acredito que os investimentos em ferrovias, feitos dentro de critérios modernos, como o que permite o direito de passagem — a múltiplas empresas de carga e passageiros — aumentariam nossa competitividade e beneficiariam a todos. A infraestrutura e a logística é que trazem o desenvolvimento sustentável de qualquer país porque garantem competitividade.

Neste *Ferrovia Essencial*, José Manoel Ferreira Gonçalves, especialista em ferrovias e presidente da organização não-governamental FerroFrente, mostra um quadro detalhado dos sistemas ferroviário e multimodal no Brasil e no mundo. Entre outras informações relevantes, o autor assinala que o transporte ferroviário continua sendo um dos mais eficazes em termos de sustentabilidade ambiental, capacidade de transporte e segurança.

Sou defensora incondicional das ferrovias. O transporte ferroviário tem o potencial de redução do frete dos produtos agrícolas em 30%, se comparado ao rodoviário.

Ferrovia Essencial é voltado tanto para educadores e estudantes, bem como para apreciadores, como eu, da temática de transportes. Uma rede ferroviária ampla e interligada beneficiaria todo o processo produtivo e o escoamento das exportações brasileiras, conectando as zonas produtoras centrais aos principais portos.

No Brasil, cerca de 65% do transporte é feito por rodovias, e aproximadamente 15% por trilhos. Minha esperança é que livros bem feitos como este nos ajudem a mudar essa realidade.

Kátia Abreu (PDT-TO) é Senadora da República

CONCEITOS GERAIS DE TRANSPORTES:

Rodoviário, Ferroviário e Hidroviário

1. Transporte rodoviário

O maior sistema logístico do Brasil é, sem sombra de dúvidas, o rodoviário, com 1.610.076 quilômetros de estradas e rodovias, segundo pesquisa, de 2006, da Confederação Nacional do Transporte. Trata-se do quarto maior do mundo, o que pode ser justificado pelo fato de que nações desenvolvidas não priorizam esse tipo de transporte, já que ele é mais caro, mais agressivo ao meio ambiente e mais perigoso. As rodovias Anhanguera (BR-050/SP-330), Bandeirantes (SP-348), Imigrantes (SP-160), Castelo Branco (SP-280), Washington Luís (SP-310), Régis Bittencourt (BR-116/SP-230), Dutra (BR-116/SP-060) e Fernão Dias (BR-381), todas de extrema importância para a economia do país, são exemplos desse sistema.

Figura 1: Mapa Rodoviário do Brasil em 2002

A partir de 1926, no governo de Washington Luís, foram feitos os primeiros investimentos em infraestrutura rodoviária, com a construção da Rodovia Rio-São Paulo, que seria a única do Brasil até 1940, quando os governos de Getúlio Vargas e Eurico Gaspar Dutra investiram firmemente na modalidade, abrindo inúmeras novas vias. Na gestão de Juscelino Kubitschek, entre 1956 a 1961, seguiu-se o mesmo caminho, com a expansão de nossa malha rodoviária. Esse investimento atraiu para o país grandes montadoras de automóveis, como Volkswagen, Ford e General Motors. Kubitschek conseguiu fixar na imaginação pública nacional a ideia de que as rodovias eram símbolo da modernidade e do futuro.

Seguindo por este equivocado caminho desenvolvimentista o Brasil ocupa, atualmente, posição de destaque no mercado mundial de automóveis, sendo o quinto mercado mais importante do planeta, contando com fábricas de gigantes como Fiat, Renault, Hyundai, Toyota, Citroën.

Apenas 196.094 quilômetros da malha viária brasileira estão pavimentados, segundo dados da CNT, e deste número, somente 5% é composto por autoestradas, que ainda se concentram no estado de São Paulo. Cerca de 30% de toda extensão rodoviária do país está severamente devido à falta de manutenção e parte relevante das ligações interurbanas no país, mesmo em algumas regiões de grande demanda, ainda se dá por estradas de terra ou com estado de conservação precário, especialmente nas regiões Norte e Nordeste do país. Isso resulta em grandes prejuízos para o transporte de cargas, além de ocasionar um número assustador de acidentes e mortes. Foram registrados 37.306 óbitos e 204.000 feridos hospitalizados, no ano de 2015, em decorrência de acidentes de trânsito, segundo dados do Ministério da Saúde.

Mesmo que seja mais poluente e mais dispendioso, para o governo e para a população, o sistema rodoviário se mantém à frente dos outros meios de transporte no Brasil, onde 62% das cargas são transportadas por caminhões. A título de comparação, nos Estados Unidos, o país da indústria automobilística, somente 38% das cargas são deslocadas sob pneus. Dessa forma, o Brasil acaba sendo, por assim dizer, um país vítima do rodoviarismo.

Com uma grande e ramificada rede de estradas, o transporte de passageiros por rodovias proporciona muitas viagens de longa duração por grandes distâncias. Mesmo em perímetros urbanos, a prevalência do transporte rodoviário também é notável. Apenas na cidade de São Paulo, os ônibus transportam mais de dez milhões de passageiros por dia, o equivalente à população do Paraná.

A distribuição modal do transporte de cargas no Brasil é perversa e irracional, uma vez que predomina o transporte rodoviário, marcado por sua baixa eficiência energética e sua enorme capacidade poluidora. Além disso, o modal rodoviário provoca um aumento nos riscos de acidentes, exige maior reserva de espaços públicos e eleva substancialmente os custos.

O transporte de uma tonelada por mil quilômetros consumiria aproximadamente 40 litros de diesel na via rodoviária, 11,6 litros na malha ferroviária e 4,6 litros no modal aquático. Se levarmos em consideração que cada litro de diesel queimado lança para a atmosfera quatro quilo de gás carbônico, é possível ter uma dimensão da diferença que cada modal faz para o meio ambiente: o modal rodoviário, para transportar uma mesma tonelagem em uma mesma distância, emite 244% mais gás carbônico que o modal ferroviário e 770% mais que o aquaviário. Com o péssimo estado de nossa malha rodoviária, os caminhões podem acabar emitindo uma quantidade ainda maior de gases poluentes.

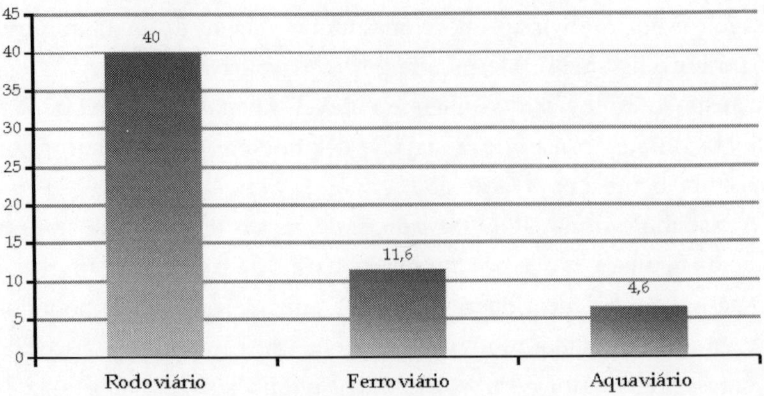

Gráfico 1: Consumo de diesel, em litros, para o transporte de uma tonelada por mil quilômetros

O comboio férreo, além de não oferecer perigo aos trabalhadores e demais usuários das rodovias, nem lentidão nas pistas, consegue transportar dez mil toneladas com apenas doze profissionais, fator de segurança e de economia (PEREIRA, 2002). Enquanto isso, para a mesma quantidade, por via rodoviária, são necessários 278 caminhões e 556 homens, entre motoristas e ajudantes.

Não só as empresas perdem com a priorização do sistema rodoviário, mas também o próprio Estado acaba sofrendo consequências orçamentárias, já que no país, historicamente, as estradas são subsidiadas.

Esta situação tem se mantido inalterada no Brasil. Pode-se observar, no gráfico abaixo, que, entre 2006 e 2010, houve uma relativa estabilidade na proporção das cargas movimentadas pelos modais rodoviário e ferroviário.

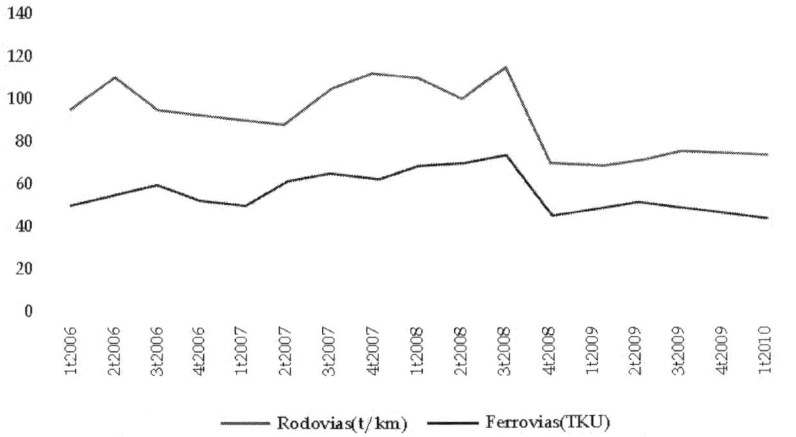

Gráfico 2: TKU = toneladas por quilômetros úteis

Observando o quadro a seguir, é possível inferir que em muitos países o modal rodoviário tem uma participação superior à de outro modais, uma vez que é versátil. Contudo, entre países de grande extensão territorial, como Rússia, Canadá, Estados Unidos e Austrália, somente o Brasil tem mais da metade do seu transporte focado em rodovias. Os modais ferroviário e hidroviário costumam ser utilizados com melhor custo logístico e entre médias e grandes distâncias, representando uma solução menos importante apenas para países de pequena extensão territorial, como é o caso dos europeus França e Alemanha.

Países	Rodoviário	Ferroviário	Hidroviário
México	55	11	34
Estados Unidos	32	43	25
Alemanha	72	15	14
Brasil	58	25	13
Rússia	8	81	11
Canadá	43	46	11
Áustria	49	45	6
Austrália	53	43	4
França	81	17	2

Tabela 1: Distribuição percentual, por nação, dos diferentes sistemas de transporte

2. Transporte ferroviário

2.1 Aspectos Gerais

Embora seja o mais antigo transporte mecanizado inventado pelo homem, o transporte ferroviário ainda é o mais eficaz em termos de conversão energética (transporta mais com menor consumo de combustível) e segurança (uma ou duas pessoas conduzem o equivalente a 200 caminhões de mercadorias).

Prejuízo financeiro, descaso social (basta pensarmos nos acidentes nas estradas e nas filas de caminhões para os portos brasileiros) e ambiental (o transporte ferroviário é quatro vezes menos poluente que o rodoviário) são frutos apenas da escolha infeliz de um sistema modal de transportes. O caminhão é ideal para curtas distâncias, mas nossas safras, por exemplo, viajam mais de três mil quilômetros para chegar aos portos. Setenta por cento deste transporte se dá sobre pneus.

Temos uma maior concentração da rede de ferrovias no Centro-Sul do país (como pode ser comprovado pela Figura 1), porque a malha ferroviária brasileira segue de perto a distribuição dos fluxos econômicos, interligando os polos dinâmicos da economia do Brasil às suas portas de entrada e saída, especialmente aos portos.

Com o fim da estatal Rede Ferroviária Federal Sociedade Anônima (RFFSA), que sofreu sucessivos desmontes de 1999 até sua extinção definitiva em 2007, quase todas as ferrovias do país ficaram sob administração privada, no regime de concessão. Surgiram os grandes conglomerados, como a América Latina Logística (ALL) e a MRS Logística, que se responsabilizaram pela malha transferida da Rede Federal, assimilando também alguns operadores privados.

Com os investimentos e as mudanças estruturais anunciadas pelo Governo Federal e por iniciativas privadas (Gráfico 2), esse cenário, estático há décadas, deve ser alterado e a capacidade ferroviária de transporte tende a aumentar. Além disso, o sistema de leilões certamente haverá de potencializar o transporte tanto nos trechos existentes quanto nos novos trechos.

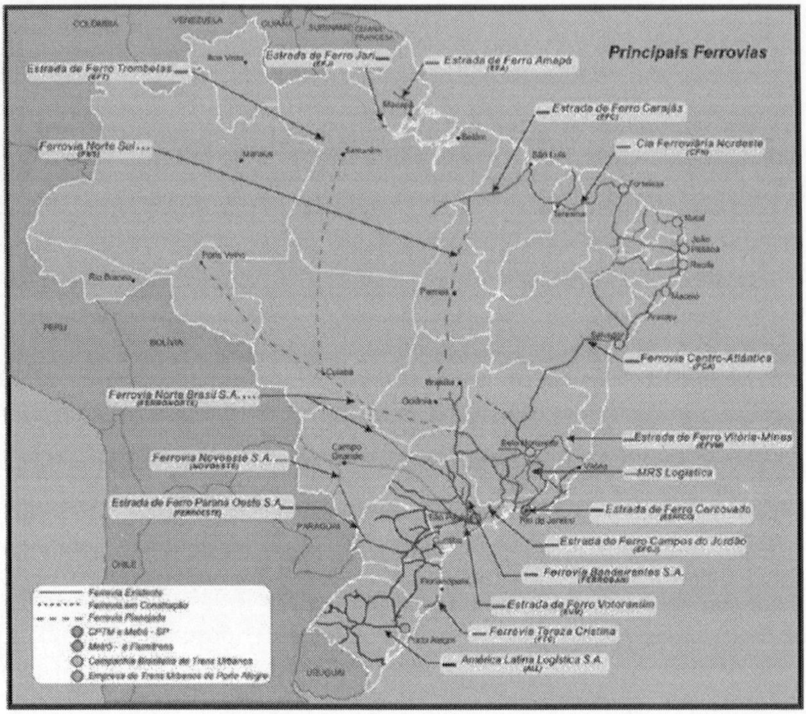

Figura 2: Malha ferroviária brasileira

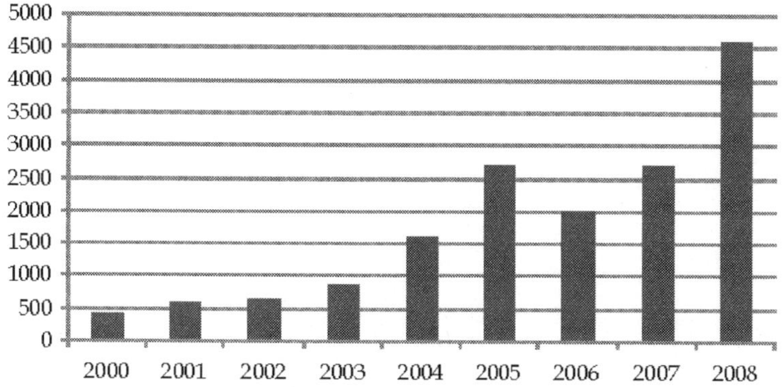

Gráfico 2: Ascensão dos investimentos públicos e privados no país

2.2 Um breve histórico

A primeira ferrovia do Brasil, inaugurada em 1854, contava com 14,5 quilômetros de trilhos e ligava a cidade do Rio de Janeiro à Petrópolis. Em 1889, as ferrovias prometiam ser o grande caminho para o desenvolvimento de nosso país, já funcionavam 9,2 mil quilômetros de ferrovias, enquanto outros 9 mil quilômetros eram construídos. Na mesma época, somente a cidade de São Paulo tinha sete linhas de bonde que, juntas, transportavam 1,5 milhão de pessoas por ano. Hoje, mais de 120 anos depois, temos apenas cerca de 25 mil quilômetros de trilhos, a mesma malha do Japão (um país do tamanho do estado de São Paulo), catorze vezes menos ferrovias do que os EUA e quatro vezes menos do que a Rússia.

Com topografia irregular, grande quantidade de rios, florestas fechadas, vales, o Brasil se viu obrigado, no período que vai de 1870 a 1920, a desenvolver um dos mais difíceis e complexos sistemas ferroviários do mundo até então. Isso se tornou possível graças à contribuição inglesa, como, por exemplo, na Leopoldina Railway, a maior ferrovia da época, que ligava Rio de Janeiro, Zona da Mata e Vitória, sendo capaz de despachar 128 trens por dia. Ainda com investimento inglês foram construídas a São Paulo Railway, responsável por ligar a capital paulista a Santos, no litoral, com um complexo sistema para percorrer o declive de planalto; a Great Western, no Nordeste, que cobria todo interior de Pernambuco, Paraíba, Sergipe e Alagoas; e a Sorocaba Railway.

Além disso, o país contava com as ferrovias nacionais, como as estatais Central do Brasil e Noroeste do Brasil – que ligava Bauru a Santa Cruz de la Sierra, na Bolívia, e as gerenciadas pela iniciativa privada, através de empresas como a Paulista de Estradas de Ferro, a Mogiana, a Araraquarense e a Douradense.

Com a estatização das ferrovias, entre 1945 e 1947, o investimento inglês foi diminuindo, o que contribuiu para o início decadência do sistema. Esse desmonte progressivo da malha ferroviária representou um dos maiores erros estratégicos do Estado brasileiro no século XX. Atualmente, a importância do modal ferroviário parece se reduzir ao transporte de minério para exportação.

O sucateamento sistemático das ferrovias brasileiras começou no contexto do pós-guerra, a partir da pressão internacional pela expansão de nossas rodovias, de olho no nosso mercado automobilístico. Com o governo de Juscelino Kubitschek, o presidente "Bossa Nova", a opção pelas rodovias se materializou definitivamente. O que hoje significa caos logístico, redução da competitividade do país, problemas de escoamento de safras e perdas gerais, foi à época festejado como o advento da modernidade.

O Brasil é o único país de grande extensão territorial que não dispõe de um sistema ferroviário integrado. Estados Unidos e Canadá contam com malhas que estabelecem importantes conexões entre a costa do Pacífico e do Atlântico, na América do Norte. China e Índia adotaram os trens como principais meios de transporte. Já a Rússia conta com a transiberiana, que atravessa 11 fusos horários e funciona há mais de um século.

2.3 O futuro do sistema ferroviário brasileiro

No Brasil, a movimentação de cargas por ferrovias aumentou em torno de 90% nos últimos vinte anos, de acordo com a Associação Nacional dos Transportadores Ferroviários (ANTF).

Em 2011, os produtos minerais ainda eram os mais transportados por via ferroviária, com crescimento de 87,6% em relação a 1995. No mesmo período, a movimentação de carga geral cresceu 76,61%.

O transporte de contêineres, embora ainda escasso, também apresenta crescimento, com uma variação de 23,7% entre 2010 e 2011. Esse aumento poderia ser maior, caso não houvessem limitações na rede ferroviária, como túneis baixos e pontes frágeis, que impedem o sistema *double stack*, baseado no transporte de dois contêineres empilhados.

Foi com a desestatização das malhas ferroviárias, entre 1996 e 1998, que o sistema começou a se recuperar e a receber investimentos. Somente em 2011, as concessionárias investiram R$ 4,6 bilhões, o que representou um crescimento de 56,3% em relação a 2010.

3. Transporte hidroviário

As hidrovias, que contam com sistemas de navegação de cabotagem e por rios, estão se popularizando em todo o mundo, especialmente nos países desenvolvidos, já que melhor custo-benefício para a movimentação de grandes volumes com destinos distantes.

Por mais que o Brasil conte com grandes bacias hidrográficas, as hidrovias não são muito utilizadas. Como vimos no primeiro capítulo, o país optou pelo transporte rodoviário, construindo grandes estradas paralelas a locais navegáveis.

Geograficamente, o Brasil possui ricas possibilidades hidroviárias, com sete mil quilômetros de costa atlântica navegável e milhares de quilômetros de rios, especialmente na Amazônia, onde adquirem significativa importância, já que alcançam áreas remotas. Contudo, os trechos hidroviários mais importantes, do ponto de vista econômico, encontram-se nas regiões Sul e Sudeste. Um maior aproveitamento das vias navegáveis nacionais depende da construção de eclusas, de obras de dragagem e, principalmente, de portos responsáveis pela integração intermodal. Entre as principais hidrovias brasileiras destacam-se a São Francisco, a Tietê-Paraná, a Taquari-Jacuí, a Araguaia-Tocantins e a da Madeira.

As hidrovias Taquari-Jacuí e Tietê-Paraná situam-se nas regiões Sul e Sudeste. A primeira transporta principalmente grãos e óleos por seus 621 quilômetros de extensão no extremo sul do país. Já a segunda é de grande relevância econômica para o país, porque possibilita o transporte de mercadorias do Mato Grosso do Sul, do Paraná e de São Paulo, através de seus 1.250 quilômetros navegáveis.

A Hidrovia São Francisco percorre um trecho de mil e trezentos quilômetros, entre as cidades de Pirapora, em Minas Gerais, e Juazeiro, na Bahia, sendo, dessa forma, de grande importância para a integração entre as regiões Sudeste e Nordeste.

A bacia Tocantins é a maior inteiramente localizada no Brasil, juntos, os rios Tocantins e Araguaia, contam com aproximadamente 3 mil quilômetros navegáveis, cobrindo grande parte do Pará, de Tocantins e de Goiás. A Hidrovia Araguaia-Tocantins cobre essa extensão, funcionando como parte de um importante corredor de transporte intermodal da região Norte. Outra importante via de integração entre as regiões Centro-Oeste e Norte, situada na bacia Amazônica, é a Hidrovia da Madeira, rota fundamental para o escoamento de grãos para a exportação.

O preço das cargas acaba acarretando no baixo aproveitamento das hidrovias em território brasileiro. Na medida em que se cobra por tonelada tanto no embarque quanto no desembarque, o custo do transporte hidroviário torna-se cinco vezes mais caro do que em nações desenvolvidas.

No ano de 1980, projetos foram criados a fim de desenvolver a navegação nos rios brasileiros. Infelizmente, apenas em 1990 esses esforços tiveram início.

O Brasil aproveita somente 64% de toda a capacidade de navegação para transporte de cargas e passageiros de suas bacias (ANTAQ, 2012). Esse subaproveitamento faz com que, percentualmente, a participação do transporte aquaviário represente menos de 15% da totalidade de usos no país, porção menor, até mesmo, que a das ferrovias, reconhecidamente carentes em infraestrutura.

Em 2011, a navegação no interior transportou 28 milhões de toneladas. Entre os produtos transportados destacaram-se os granéis sólidos, somando 61,9% do total. As hidrovias amazônicas responderam por 35,1% do trânsito hidroviário, conforme mostra a Tabela 2. As mercadorias mais comumente transportadas por vias interiores e lacustres foram soja, minério de ferro, produtos químicos orgânicos, minerais não metálicos, combustíveis, semirreboque baú, milho e óleos minerais, correspondendo a 81,3% do montante transportado na navegação pelo interior.

(Em %)

Região hidrográfica	Carga geral solta	Carga geral conteinerizada	Granel líquido	Granel sólido	Participação total por região hidrográfica
Amazônica	53,1	72,4	68,2	19,8	35,1
Paraná	0,1	...	...	33,5	20,7
Paraguai	...	...	...	31,4	19,4
Sul	4,9	...	17,6	14,9	13,3
Tocantins-Araguaia	41,9	27,6	14,2	0,5	11,5
Participação total por tipo de carga	20,8	0,1	17,2	61,9	100,0

Tabela 2: Participação da navegação interior por tipo de carga e por região hidrográfica nas principais bacias hidrográficas

Neste mesmo ano, matérias-primas, como a cana-de-açúcar, a soja e o milho corresponderam a 92% do total da produção da agricultura brasileira, de acordo com o gráfico 3. Esses produtos podem ter ainda mais vantagens na utilização do transporte fluvial, haja vista seu papel central na pauta de exportações do país, a proximidade desses cultivos com rios importantes no Centro-Norte do país e, ainda, a importância do baixo custo dos transportes na competitividade entre os produtos de baixo valor agregado.

Conforme pode ser observado a seguir, no gráfico 4, considerando-se apenas os custos operacionais (veículos, combustível e transbordo), isto é, sem considerar os custos associados à implantação da infraestrutura viária, o custo da hidrovia fica em torno de R$16/tonelada, ligeiramente mais caro que a ferrovia. Vale ressaltar, entretanto, que essa ferrovia considera um traçado que privilegia a velocidade e a eficiência energética, propiciando não só um baixo consumo de combustível, mas também um baixo custo associado aos veículos. Considerando-se o padrão médio das ferrovias brasileiras, cujas linhas foram, em grande parte, construídas na primeira metade do século XX, com traçado sinuoso, os custos operacionais das hidrovias estariam ligeiramente abaixo.

Ao comprarem-se os dados, observa-se que o transporte por hidrovias em rios navegáveis, como nos imensos rios que compõem a bacia

Amazônica, possui um custo menor do que o por ferrovias. Isso significa oportunidade de aproveitamento das hidrovias como principal meio, onde haja disponibilidade de condições. Além disso, seu custo possui pouca relação com o volume dos transportes, portanto, tal operação pode ser adotada sem atender a uma escala minimamente necessária de transporte, a não ser pela construção de terminais de transbordo.

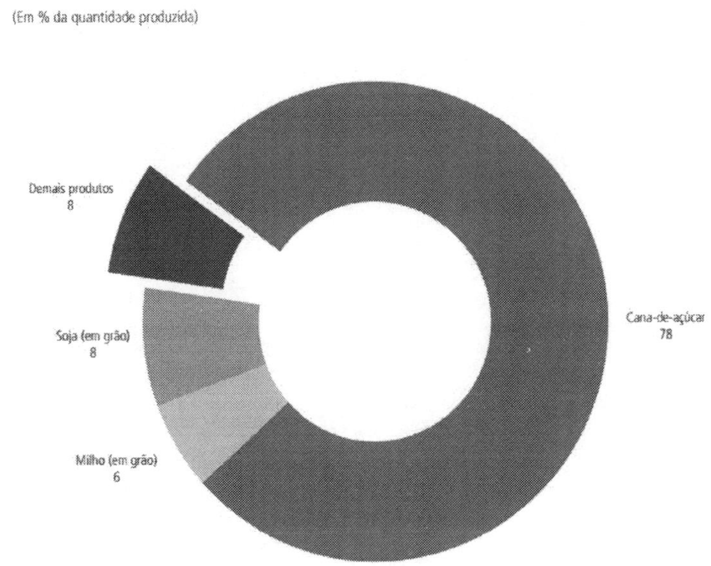

Gráfico 4: Produção agrícola brasileira (2011)

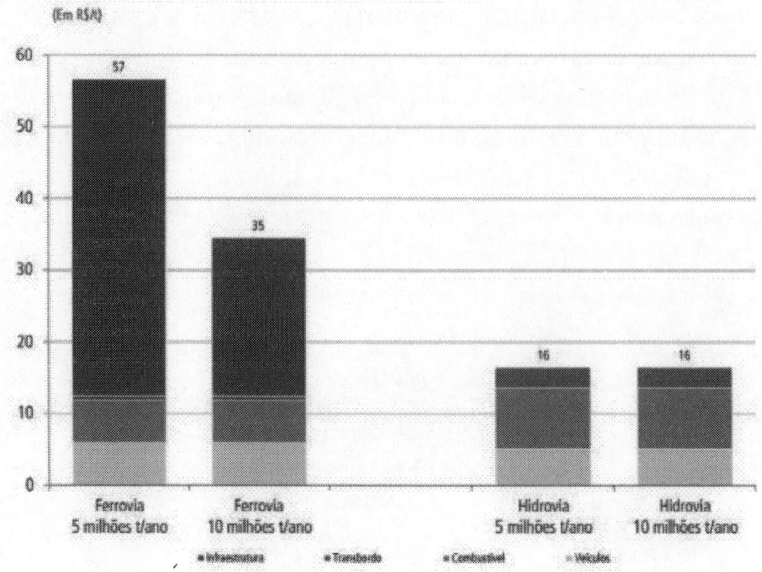

Gráfico 5: Comparação de custos entre ferrovia e rio navegável

Referências bibliográficas:

BOLETINS - ANTAQ. Disponível em: <http://portal.antaq.gov.br/index.php/boletins/>. Acesso em: 22 de agosto de 2017.

GOMES, Eliane; MELLO, João; MEZA, Lidia; NETO, Luiz. GESTÃO DE AUTO-ESTRADAS: ANÁLISE DE EFICIÊNCIA DAS AUTO--ESTRADAS FEDERAIS BRASILEIRAS COM PORTAGENS. *Revista Portuguesa e Brasileira de Gestão*, Lisboa - Rio de Janeiro, v. 3, n. 2, p. 68-75, 2004.

GONÇALVES PEREIRA, Luiz Andrei; NARCISO LESSA, Simone. O PROCESSO DE PLANEJAMENTO E DESENVOLVIMENTO DO TRANSPORTE RODOVIÁRIO NO BRASIL. *Caminhos de Geografia*, [S.l.], v. 12, n. 40, dez. 2011. ISSN 1678-6343.

Hidrovias como alternativa para o transporte de etanol. *NovaCana.com*. Disponível em: <https://www.novacana.com/etanol/hidrovias--como-alternativa-transporte/>. Acesso em: 22 de agosto de 2017.

RODRIGUES, Paulo Roberto Ambrosio. *Introdução aos Sistemas de Transporte no Brasil e à Logística Internacional*. São Paulo: Edições Aduaneiras Ltda, 2000.

Página da Confederação Nacional do Transporte - CNT. Disponível em: <http://www.cnt.org.br>. Acesso em: 22 de agosto de 2017.

Exercícios

Conceitos gerais de transportes

1 – No governo de qual presidente da república houve a decisão de priorizar as rodovias?

a) Ernesto Geisel
b) Júlio Prestes
c) Getúlio Vargas
d) Washington Luís
e) Juscelino Kubitschek

2 – Quais as razões de termos atualmente 62% das cargas transportadas por rodovias no Brasil?

a) Exclusivamente devido aos interesses financeiros das oligarquias nacionais.
b) Por razões meramente históricas: desde o séc. XVIII o transporte no Brasil se deu exclusivamente por estradas, mesmo que de terra.
c) Exclusivamente devido aos interesses do mercado financeiro internacional.
d) Por razões geográficas, pois nossa geografia de planícies é mais apta à construção de estradas.
e) São razões históricas, políticas e culturais, muitas delas relacionadas a interesses financeiros e uma consequente "indolência" dos poderes constituídos.

3 – Quais são hoje as consequências negativas da priorização do modal rodoviário?

a) Diminuição da competitividade no setor ferroviário.
b) Caos logístico, redução da competitividade do país e problemas no escoamento de safras.
c) Encarecimento dos produtos transportados pelo modal aeroviário.
d) Diminuição da competitividade no setor hidroviário.
a) Encarecimento dos combustíveis e peças automotivas, aumento da competitividade do país e assoreamento dos rios.

4 – Em que regiões do país há uma maior concentração de redes ferroviárias?

a) No Centro-Sul do país.
b) No Sudeste do país.
c) No Centro-Oeste do país.
d) No Sul do país.
e) No Norte do país.

5 – Sobre a gestão da rede ferroviária no Brasil pela iniciativa privada e os critérios para medir sua eficiência, assinale alternativa incorreta.

a) Seu desempenho econômico é avaliado pelos ganhos da produção.
b) Seu desempenho logístico é medido pelo volume de tráfego.
c) Seu desempenho econômico é avaliado por meio do aumento do valor das ações da ALL na BOVESPA.
d) Seus avanços na segurança são medidos por meio da diminuição dos acidentes nas estradas.
e) Está sendo rápido o desenvolvimento da malha ferroviária do país desde a privatização.

6 – Quais foram os presidentes que, durante a primeira metade do século XX, mais investiram na malha rodoviária brasileira?

a) Campos Sales e Rodrigues Alves.
b) Washington Luís, Eurico Gaspar Dutra e Getúlio Vargas.
c) Afonso Pena e Nilo Peçanha.
d) Getúlio Vargas e Juscelino Kubitschek.
e) Rodrigues Alves e Washington Luís.

7 – Juscelino Kubitschek, idealizador da construção de Brasília, trouxe ao país grandes empresas da indústria automobilística mundial. Qual ideia ele pretendia disseminar com essa medida?

a) A ideia de que o transporte por aviões era muito dispendioso.
b) A ideia de que o sistema rodoviário representava a modernidade e um futuro promissor.
c) O conceito de que as rodovias eram menos dispendiosas.
d) O conceito de que os trens eram muito lentos.
e) A ideia de que o transporte por navios era muito perigoso.

8 – O meio de transporte rodoviário representa a melhor opção para o Brasil?

a) Não. As malhas ferroviárias e hidroviárias demonstram ser mais econômicas, sólidas e inteligentes.
b) Sim, os outros modais são mais agressivos ao meio ambiente.
c) Sim, as ferrovias e hidrovias são mais perigosas.
d) Não, a geografia brasileira, onde predominam as planícies, é ideal para implantação de uma vasta malha ferroviária.
e) Sim, as rodovias são menos dispendiosas do que as ferrovias, por exemplo.

9 – O que aconteceu com nossas ferrovias após o fim da estatal RFFSA (Rede Ferroviária Federal)?

a) Passaram a ser operadas pelos governos estaduais.
b) São operadas em parcerias entre estados e municípios.
c) Ficaram sob a administração privada, no regime de concessão, geridas por conglomerados como a ALL (América Latina Logística) e a MRS Logística.
d) Passaram a ser operadas pela MRS Logística em parceria com os estados.
e) Passaram a ser operadas pela ALL (América Latina Logística) em parceria com os municípios.

10 – Quanto à distribuição modal do transporte de cargas no Brasil, marque a alternativa correta:

a) Trata-se de uma distribuição extremamente irracional, com o uso do modal ferroviário e seu alto nível de acidentes, em detrimento de todos os outros modais de transporte.
b) É perversa e irracional, pelo predomínio do transporte rodoviário sobre os demais meios, principalmente por que é feita com baixa eficiência energética e enorme capacidade poluidora, a modalidade rodoviária aumenta os riscos de acidentes, exige maior reserva de espaços públicos e eleva substantivamente os custos.
c) Trata-se de uma distribuição extremamente irracional, com o uso do modal aeroviário e seus altos custos, em detrimento de todos os outros modais de transporte.
d) Trata-se de uma distribuição razoavelmente racional, em que todos os modais são aproveitados ao máximo, com relativa eficiência energética e medianos níveis de poluição.
e) Trata-se de uma distribuição extremamente racional, em que todos os modais são aproveitados ao máximo, com alta eficiência energética e baixos níveis de poluição.

11 – Sobre nosso atual transporte sobre ferrovias, assinale a afirmativa incorreta:

a) Foi com a nova estatização das malhas ferroviárias, entre 1996 e 1998, que o sistema começou a se recuperar e a receber investimentos.
b) Embora ainda escasso, o transporte ferroviário de contêineres também apresenta crescimento, com uma variação de 23,7% entre 2010 e 2011.
c) Esse aumento poderia ser maior, caso não houvessem limitações na rede ferroviária, como túneis baixos e pontes frágeis, que impedem o sistema double stack, baseado no transporte de dois contêineres empilhados.
d) Somente em 2011, as concessionárias investiram R$ 4,6 bilhões, o que representou um crescimento de 56,3% em relação a 2010.
e) Estamos em 2017 contando com uma situação que proporciona certo otimismo em relação ao desenvolvimento da nossa malha ferroviária.

12 – Qual o maior sistema logístico em operação no Brasil?

a) O modal rodoviário.
b) O modal ferroviário.
c) O modal aeroviário.
d) O modal hidroviário.
e) O modal dutoviário.

13 – Um caminhão consome 1000 litros de óleo diesel para transportar 25 toneladas por mil quilômetros, enquanto um trem faz o mesmo com apenas 29% deste total, ou seja, 290 litros. Cada litro de diesel queimado no transporte emite em média quatro quilos de gás carbônico. Sendo assim, assinale a alternativa correta:

a) O transporte ferroviário é tanto mais poluente quanto mais dispendioso que o modal rodoviário.

b) O transporte rodoviário é tanto mais poluente quanto mais dispendioso que o modal ferroviário.

c) O transporte rodoviário é apenas mais poluente que o modal ferroviário.

d) O transporte ferroviário é apenas mais dispendioso que o modal rodoviário.

e) O transporte ferroviário é apenas mais poluente que o modal rodoviário.

14 – As hidrovias se prestam a quais tipos de transporte?

a) Servem apenas para transporte de cargas volumosas.

b) Servem apenas para transporte de passageiros.

c) Servem apenas para transporte de cargas pequenas e de pouca durabilidade.

d) Servem apenas para transporte de passageiros, ainda assim com capacidade reduzida.

e) Servem para transporte de cargas e passageiros, principalmente para transportar cargas volumosas a destinos distantes.

15 – Sobre o desmonte do sistema ferroviário brasileiro, assinale a alternativa correta:

a) Foi interrompido após 100 anos de funcionamento.

b) Foi positivo, pois o sistema não precisará ser reconstruído, apenas adaptado.

c) Sua readaptação teve baixíssimos custos.

d) Foi um dos maiores erros estratégicos da administração do Estado no século XX.

e) Foi um sistema de fácil reimplantação, bem como nos EUA, Canadá e Argentina.

16 – Sobre o futuro dos sistemas modais brasileiros, é correto afirmar que:

a) É consensual nossa impossibilidade de explorar de hidrovias.
b) Em 2011, os produtos minerais ainda eram os mais transportados por via ferroviária, com crescimento de 87,6% em relação a 1995. No mesmo período, a movimentação de carga geral cresceu 76,61%.
c) É consensual que a saída está na malha ferroviária.
d) Como se pode ver em países continentais, o caminhão é o modal mais viável para cumprir longas distâncias.
e) Talvez, o país já esteja ensaiando alguma mudança, uma vez que a movimentação de cargas por ferrovias tenha aumentado em torno de 190% nos últimos vinte anos, de acordo com a Associação Nacional dos Transportadores Ferroviários (ANTF).

17 – Por que é problemático que em nosso país o transporte rodoviário tenha sido sempre subsidiado?
a) Porque esses subsídios se refletem em impostos estaduais sobre a atividade dos transportes.
b) Porque esses subsídios se refletem em impostos municipais sobre a atividade dos transportes.
c) Porque esses subsídios se refletem em impostos federais sobre a atividade dos transportes.
d) Porque esses subsídios exigem orçamentos públicos descomunais para o setor.
e) Porque esses subsídios aumentam a carga tributária sobre o consumidor final.

18 — Quanto à manutenção da malha rodoviária brasileira, assinale a alternativa correta:

a) Toda a malha rodoviária brasileira está danificada por falta de manutenção. Metade das ligações interurbanas se dá por estradas de terra em todas as regiões do país, o que resulta em imensos prejuízos para o transporte de cargas.

b) 100% da malha rodoviária brasileira está em perfeitas condições, sendo comparada às rodovias de países tais como os EUA, a Alemanha e o Canadá.

c) Cerca de 30% de toda a extensão da malha viária brasileira está severamente danificada por falta de manutenção e apenas 96.353 quilômetros estão pavimentados. Além disso, parte relevante das ligações interurbanas no país, ainda se dá por estradas de terra ou com estado de conservação precário, especialmente nas regiões Norte e Nordeste do país, o que resulta em grandes prejuízos para o transporte de cargas.

d) Cerca de 80% da malha rodoviária brasileira está danificada por falta de manutenção e 90% das ligações interurbanas no país se dá por estradas de terra em quase todas as regiões do país, o que resulta em prejuízos incalculáveis.

e) Cerca de 50% da malha rodoviária brasileira está levemente danificada por falta de manutenção e apenas 8.000 quilômetros estão pavimentados, o que resulta em grandes prejuízos para o transporte de cargas no país.

19 – Em que situação os modais ferroviário e hidroviário costumam ser utilizados com melhor custo logístico?

a) Quando utilizados entre médias e grandes distâncias.
b) Quando utilizados apenas em grandes distâncias.
c) Quando utilizados apenas em pequenas distâncias.
d) Quando utilizados apenas em médias distâncias.

20 – A expansão das ferrovias no Brasil se manteve apenas até meados dos anos 1930. Por que houve uma interrupção neste processo?

a) Foi no contexto do pós-guerra que se iniciou a pressão internacional pela expansão de nossas rodovias, visando a criação do mercado automobilístico no país.
b) Porque o presidente Getúlio Vargas decidiu investir em nossa malha hidroviária.
c) Devido ao crack da Bolsa de Valores de Nova York.
d) Com o crack da Bolsa de Valores de Nova York, as companhias ferroviárias inglesas não tinham mais recursos para investir na construção de nossas estradas de ferro.
e) Porque o presidente Getúlio Vargas decidiu investir em nossa malha aeroviária.

21 – Por que a política do rodoviarismo no Brasil vem sendo severamente criticada?

a) Devido à falta de investimentos públicos neste setor, que priorizam o sistema aeroviário.
b) Devido à falta de investimentos públicos neste setor, que priorizam o sistema hidroviário.
c) Devido à priorização desse modal, enquanto os demais modais, como o ferroviário e hidroviário acabam sendo relegados para um segundo plano, mesmo que apresentem melhor relação custo-benefício.
d) Devido à falta de investimentos privados neste setor, que priorizam o sistema priorizando o sistema ferroviário.
e) Devido à falta de investimentos privados neste setor, que priorizam o sistema priorizando o sistema ferroviário.

22 – O que ocasiona o subaproveitamento das hidrovias no Brasil?

a) O preço das cargas, cobrado por tonelada no embarque, o que torna o custo do transporte hidroviário cinco vezes mais caro do que em nações desenvolvidas.

b) O preço das cargas, cobrado por tonelada no desembarque, o que torna o custo do transporte hidroviário seis vezes mais caro do que em nações desenvolvidas.
c) O preço das cargas, cobrado por tonelada no embarque, o que torna o custo do transporte hidroviário três vezes mais caro do que em nações desenvolvidas.
d) O preço das cargas, cobrado por tonelada tanto no embarque quanto no desembarque: o custo do transporte hidroviário no Brasil torna-se cinco vezes mais caro do que em nações desenvolvidas.
e) O preço das cargas, cobrado por tonelada no desembarque, o que torna o custo do transporte hidroviário três vezes mais caro do que em nações desenvolvidas.

23 – Como é a utilização da malha hidroviária nos países mais desenvolvidos?

a) Nestes países, essas vias são apropriadas para a movimentação de pequenos volumes com destinos distantes, sendo menos dispendiosas que as rodovias e as ferrovias.
b) Nestes países, essas vias são apropriadas para a movimentação de grandes volumes com destinos distantes, ainda que sejam mais caras que as rodovias e as ferrovias.
c) Nestes países, essas vias são apropriadas para a movimentação de grandes volumes com destinos próximos, sendo menos dispendiosas que as rodovias e as ferrovias.
d) Nestes países, essas vias são apropriadas para a movimentação de pequenos volumes com destinos próximos, sendo menos dispendiosas que as rodovias e as ferrovias.
e) Nestes países, essas vias são apropriadas para a movimentação de grandes volumes com destinos distantes, sendo menos dispendiosas que as rodovias e as ferrovias.

24 – Quanto à malha hidroviária no Brasil, assinale a afirmativa incorreta:

a) Os trechos hidroviários mais importantes, do ponto de vista econômico, encontram-se no Sudeste e no Sul do país.
b) O Brasil tem milhares de quilômetros de rios.
c) O Brasil tem mais de sete mil quilômetros de costa atlântica navegável.
d) Uma boa parte dos rios navegáveis encontra-se na Amazônia, tendo significativa importância por alcançarem áreas remotas.
e) Os trechos hidroviários mais importantes, do ponto de vista econômico, encontram-se no Norte e no Nordeste do país.

25 – Qual critério foi seguido para a localização da malha ferroviária brasileira?

a) Foi criada para interligar os polos menos dinâmicos da economia do Brasil, como forma de incentivo ao consumo de seus produtos.
b) Foi criada para acompanhar a distribuição dos fluxos econômicos, ou seja, interligam os polos dinâmicos da economia do Brasil às suas portas de entrada e saída, especialmente os portos.
c) A topografia, privilegiando as áreas de extensa planície.
d) Foi criada para acompanhar a distribuição dos fluxos econômicos, ou seja, interligam os polos dinâmicos da economia do Brasil, a saber, o Norte e o Nordeste do país.
e) Foi criada para estimular o mercado interno, nas trocas comerciais entre os estados.

26 – O que seria necessário para o pleno aproveitamento de nossas vias navegáveis?

a) Isto depende da construção de eclusas, obras de dragagem e principalmente de portos que possibilitem a integração intermodal.
b) Isto apenas depende da construção de eclusas e obras de dragagem.
c) Isto depende apenas de novas obras de dragagem.
d) Isto depende apenas da construção de eclusas.
e) Isto depende apenas da construção de portos que possibilitem a integração intermodal.

27 – Quais são as mercadorias mais comumente transportadas pelas hidrovias brasileiras?

a) Óleos não minerais, combustíveis, cimento e arroz.
b) Óleos minerais, soja, milho cimento e semirreboque baú.
c) Soja, minério de ferro, produtos químicos orgânicos, minerais não metálicos, combustíveis, semirreboque baú e óleos minerais.
d) Minerais metálicos, zinco, enxofre e produtos químicos não orgânicos.
e) Milho, zinco, produtos químicos não orgânicos e minerais metálicos.

28 – Quanto às principais hidrovias brasileiras, assinale a alternativa incorreta:

a) A Hidrovia Araguaia-Tocantins funciona como parte de um importante corredor de transporte intermodal da região Norte, visto que se aproveita da Bacia Tocantins, a maior inteiramente localizada no Brasil.
b) São elas a Hidrovia Araguaia-Tocantins, a da Madeira e a Tietê-Paraná, a São Francisco e a Taquari-Jacuí.
c) Outra importante via de integração entre as regiões Centro-Oeste e Norte é a hidrovia da Madeira, situada na Bacia Amazônica. Trata-se de uma rota fundamental para o escoamento de grãos para a exportação.

d) Juntos, os rios Tocantins e Araguaia contam com aproximadamente mil quilômetros navegáveis, cobrindo grande parte do Pará, de Tocantins e de Goiás.
e) As hidrovias Tietê-Paraná e Taquari-Jacuí situam-se nas regiões Sul e Sudeste.

29 – Quanto à navegação por hidrovias fluviais no Brasil, marque a opção incorreta:

a) As hidrovias amazônicas responderam por 25% do trânsito hidroviário no interior do país.
b) Em 2011, a navegação ocorrida no interior fez o transporte de 28 milhões de toneladas.
c) Entre os produtos transportados destacaram-se os granéis sólidos.
d) O Brasil aproveita somente 64% de toda a sua capacidade de navegação para transporte de cargas e passageiros de suas bacias.
e) No ano de 1980, projetos foram criados a fim de desenvolver a navegação nos rios brasileiros. Infelizmente, apenas em 1990 esses esforços tiveram início.

30 – Quais outras matérias-primas poderiam ser transportadas por vias fluviais?

a) Arroz, feijão e trigo.
b) Cevada, aveia e ervilha.
c) Lentilha, aveia e palmito.
d) A cana-de-açúcar, a soja e o milho.
e) Palmito, feijão e ervilha.

31 – A propósito das seguintes empresas ferroviárias, assinale aquela que era gerida por companhias inglesas.

a) Central do Brasil.
b) Noroeste do Brasil, ligando Bauru a Santa Cruz de la Sierra na Bolívia.
c) Companhia Paulista de Estradas de Ferro.
d) A Mogiana, a Douradense e a Araraquarense.
e) A Sorocaba Railway.

32 – Que modal possui custo operacional menor, as hidrovias ou as ferrovias?

a) Considerando-se os padrões médios das ferrovias brasileiras, os custos operacionais das hidrovias são ligeiramente menores.
b) Considerando-se os padrões médios das ferrovias brasileiras, os custos operacionais das hidrovias são bem menores.
c) Considerando-se os padrões médios das ferrovias brasileiras, os custos operacionais das hidrovias são bem maiores.
d) Considerando-se os padrões médios das ferrovias brasileiras, os custos operacionais das hidrovias são ligeiramente maiores.
e) Considerando-se os padrões médios das ferrovias brasileiras, os custos operacionais das hidrovias são praticamente idênticos.

33 – A propósito dos Gráficos 3 e 4 da Apostila Conceitos Gerais dos Transportes, assinale a alternativa incorreta.

a) O Gráfico 4 aponta a oportunidade de aproveitamento das hidrovias como principal meio a ser usado onde haja disponibilidade de condições.
b) O Gráfico 4 indica a situação de custo inferior do transporte por hidrovias em rios navegáveis, como nos imensos rios que compõem a bacia Amazônica.
c) A cana-de-açúcar foi o produto agrícola mais produzido no Brasil no início da década de 1990.

d) O Gráfico 4 indica a situação de custo superior do transporte por hidrovias em rios navegáveis, como nos imensos rios que compõem a bacia Amazônica.
e) O milho correspondeu, no início da década de 1990, a 6% da produção agrícola brasileira.

34 – Em termos de gasto de energia, segurança e emissão de poluentes, como é o desempenho do modal ferroviário? Assinale a alternativa correta:

a) O transporte ferroviário tem bom desempenho energético, pois transporta mais com menos combustível; na segurança, uma ou duas pessoas podem conduzir 200 caminhões de mercadorias; e quanto às emissões, pois lança na atmosfera entre um quarto e um sexto do que emitiria o meio rodoviário.
b) O transporte ferroviário tem mau desempenho energético, pois transporta menos carga com mais combustível; na segurança, uma ou duas pessoas podem conduzir 200 caminhões de mercadorias; e quanto às emissões, lança na atmosfera entre um quarto e um sexto do que emitiria o meio rodoviário.
c) O transporte ferroviário tem bom desempenho energético, pois transporta mais com menos combustível; na segurança, uma ou duas pessoas podem conduzir 200 caminhões de mercadorias; e quanto às emissões, pois lança na atmosfera entre um oitavo do que emitiria o meio rodoviário.
d) O transporte ferroviário tem bom desempenho energético, pois transporta mais com menos combustível; na segurança, uma ou duas pessoas podem conduzir 200 caminhões de mercadorias; e quanto às emissões, lança na atmosfera entre um quarto e um sexto do que emitiria o meio hidroviário.
e) O transporte ferroviário tem bom desempenho energético, pois transporta mais com menos combustível; na segurança, uma ou duas

pessoas podem conduzir 100 caminhões de mercadorias; e quanto às emissões, lança na atmosfera entre um quarto e um sexto do que emitiria o meio rodoviário.

35 – Entre 1870 a 1920, o Brasil construiu um dos mais complexos e difíceis sistemas ferroviários do mundo. Quais foram as dificuldades enfrentadas por essas construções?

a) Dificuldade de se conseguir empréstimos no exterior para custeamento das obras.
b) Foi uma implantação difícil pela geografia, topografia, existência de grande quantidade de rios, cadeias de montanhas, serras, florestas fechadas, vales e platôs.
c) O baixo preço das commodities brasileiras no mercado exterior.
d) O alto preço cobrado pelas companhias ferroviárias inglesas.
e) Dificuldade de conseguir autorização dos latifundiários para que as ferrovias cruzassem suas propriedades.

36 — Os ingleses deram grande contribuição ao desenvolvimento das ferrovias brasileiras. Qual foi a maior das ferrovias construídas por eles?

a) A Sorocaba Railway.
b) A São Paulo Railway.
c) A Leopoldina Railway
d) A Great Western, no Nordeste.
e) A Madeira-Mamoré.

37 – A propósito das grandes ferrovias em operação no Brasil durante a época dos grandes investimentos ingleses, assinale a alternativa incorreta.

a) A Sorocabana Railway foi uma das grandes ferrovias brasileiras neste período.
b) A Rio Grande foi uma das grandes ferrovias brasileiras neste período (companhia francesa, mas controlada por Londres).
c) A São Paulo Railway era fundamental pela ligação da capital paulista a Santos, através de um complicado sistema de cremalheiras para vencer o declive de mais de 800 metros do planalto ao litoral;
d) A Great Western era fundamental para ligação da capital paulista a Santos.
e) A Great Western era localizada no Nordeste, com epicentro em Recife e chegando até Natal; cobria todo interior de Pernambuco, Paraíba, Sergipe e Alagoas, com pouco mais de mil milhas de rede.

38 – Sobre a estatização das ferrovias, assinale a alternativa correta:

a) Mesmo com a estatização de algumas redes ferroviárias, as empresas inglesas continuaram operando no Brasil normalmente.
b) Este processo se deu no fim da década de 1930.
c) As demais ferrovias passaram a ter mais passageiros e cargas, e melhoraram os antigos problemas de impontualidade e falta de manutenção.
d) Uma das primeiras redes a encerrar suas atividades foi a Companhia Paulista, que tinha filosofia inglesa de gestão.
e) Devido à estatização das ferrovias, entre 1945 e 1947, o sistema começou sua decadência.

Gabarito:

1 - E
2 - E
3 - B
4 - A
5 - C
6 - B
7 - B
8 - A
9 - C
10 - B
11 - A
12 - A
13 - B
14 - E
15 - D
16 - B
17 - D
18 - C
19 - A
20 - A
21 - C
22 - D
23 - E
24 - E
25 - B
26 - A
27 - C
28 - D
29 - A
30 - D
31 - E
32 - D
33 - D
34 - A
35 - B
36 - C
37 - D
38 - E

TRANSPORTE MULTIMODAL E INTERMODALIDADE:

Conceitos

1. O transporte multimodal de cargas

Toda operação de transporte de cargas e pessoas é ordenada em modais, que contam com especificidades e particularidades próprias, tais quias o dutoviário, o ferroviário, o hidroviário, o aeroviário e o rodoviário.

O modal **dutoviário** tem aplicação específica. Notabiliza-se pela exclusividade no uso, grandes investimentos na sua implementação e baixos custos operacionais, além da alta produtividade, ou seja, na alta capacidade de transportar grandes volumes, desde que líquidos ou gasosos.

O modal **hidroviário** é, a só um tempo, o que tem melhor conversibilidade energética, o que menos polui o meio ambiente, e tem a vantagem de ter seus caminhos oferecidos pela própria natureza, não dependendo de investimentos em estradas ou trilhos. Por esses motivos merecia um investimento muito maior do que o recebido historicamente. Entende-se por transporte hidroviário tanto aquele realizado no leito dos rios quanto aquele realizado por navios que trafegam na costa, interligando portos, a chamada navegação de cabotagem.

O modal **aeroviário** destaca-se, obviamente, por sua alta velocidade. Para o transporte de passageiros e cargas urgentes a reais longas distâncias, especialmente as internacionais, tornou-se soberano. Ao mesmo tempo que trata-se, dentre todos, do modal de menor conversão energética e maior custo operacional independe da construção de rotas, assim como o hidroviário, uma vantagem financeira e logística nada desdenhável.

O transporte **rodoviário** tende a ser visto, principalmente no Brasil, como a solução eficaz para atendimento da maior parte da demanda por transportes, por conta de sua versatilidade. Porém, exceto pelo modal aeroviário, trata-se do modal de menor conversibilidade energética (que gasta mais combustível por tonelada transportada) menor segurança, devido à alta exposição a acidentes, e é o modal que mais polui o meio ambiente. Isso não diminui sua grande importância em qualquer sistema de transporte que se observe no mundo. Vale destacar que se trata de um modal que recentemente tem recebido ou visto crescer dois novos importantes meios de transporte, o motociclístico e o ciclístico, especialmente nos limites das grandes metrópoles.

A título de reflexão, importa destacar que os modais de melhor conversão energética surgiram primeiro indo na direção dos de menor conversão, a saber, a sequência histórica de surgimento foi: hidroviário, ferroviário, rodoviário e, por fim, aeroviário. O dutoviário, nesse sentido, por sua especificidade, é caso a ser tratado à parte.

Em suma, cada modal tem sua pertinácia, sua conveniência e importância, não sendo possível prescindirmos de qualquer um deles. Isso faz com que a **intermodalidade** ou, sua consequência lógica, a multimodalidade, represente o modelo ideal de transporte, em detrimento da preferência por apenas um modal específico.

Em um país de dimensões continentais como o nosso, é natural que tenhamos centros de produção muito distantes de centros de consumo, o que naturalmente demanda transporte de cargas e de pessoas a grandes distâncias. Provavelmente, o modal ou até mesmo o meio de transporte ideal para um trecho de determinada distância seja diferente do meio ou modal para outro trecho de mesma distância.

Assim sendo, é fundamental adotar a multimodalidade para se obter um sistema logístico mais eficiente. Os produtos agrícolas são um exemplo clássico disso. Em condições ideais, eles saem das fazendas em cima da carroceria de caminhões, são transferidos para barcaças, posteriormente para trens, que os levam até centros de distribuição próximos aos centros de consumo, e, por fim, são levados novamente em caminhões e caminhonetes ao varejo, quando enfim encontrarão ser consumidor final.

Por um conjunto de razões, infelizmente, esse cenário ainda é raro, o que acaba acarretando um aumento do preço dos produtos e da poluição da atmosfera, interferindo no desastroso aquecimento do planeta. Além disso, no Brasil, por termos uma preferência esmagadora pelo modal rodoviário, temos o acréscimo da insegurança e morte nas estradas, incrementada pelo excesso de caminhões trafegando entre automóveis e demais veículos.

1.1 Multimodalidade: definição e aspectos legais

O Transporte Multimodal de Cargas (TMC) é aquele que envolve vários meios de transporte, desde a origem até o destino, com a intenção de reduzir o tempo gasto, os custos e o impacto ambiental gerado pelos deslocamentos. No Brasil, em 19 de fevereiro de 1998, foi sancionada a Lei n. 9.611, que visa melhorar a produtividade dos transportes, ao estabelecer o serviço "porta-a-porta", ou operação não segmentada, e a figura do Operador de Transporte Multimodal (OTM).

O TMC é administrado por um Operador de Transporte Multimodal (OTM), uma pessoa jurídica contratada não como agente exclusivo, mas como principal responsável, para a realização do TMC da origem até o destino, por seus próprios meios ou através de terceiros, que podem ou não ser transportadores. Os serviços de entrega da carga, transporte, armazenagem e coleta estão entre as atribuições deste operador, além, também, de outras funções menos conhecidas, mas igualmente importantes, tais como a consolidação, a desconsolidação, a unitização e a desunitização. Dessa forma, o TMC é regido por apenas um contrato, sendo o operador responsável pelos prejuízos, por danos ou avarias às cargas sob sua custódia, assim como por problemas de atraso na entrega, quando houver prazo rigidamente acordado.

O pleno exercício das atividades de um OTM está sujeito a uma habilitação e a um registro na Agência Nacional de Transportes Terrestres (ANTT). Se um operador quiser atuar internacionalmente, deverá obter também uma licença da Secretaria da Receita Federal. Tais habilitações têm prazo de validade de dez anos. Habilitado, um OTM pode atuar em âmbito nacional e internacional, exceto em negociações que envolvam o Mercosul. Um aspirante a OTM deve, antes de tudo, solicitar um registro. Vejamos o que diz a legislação a respeito: o Decreto n. 1.563, de 19 de julho de 1995, trata da execução do Acordo de Alcance Parcial para a Facilitação do Transporte Multimodal de Mercadorias entre Uruguai, Paraguai, Argentina e Brasil, acordado em 30 de dezembro de 1994.

A lei que trata do Transporte Multimodal de Cargas é a n. 9.611, de 19 de fevereiro de 1998, e o Decreto n. 3.411, de 12 de abril de 2000 a regulamenta. Depois, o Decreto n. 5. 276, de 19 de novembro de 2004 modificou os Artigos 2º e 3º do Decreto n. 3.411, de 2000. A Resolução da ANTT n. 794, de 22 de novembro de 2004 rege a habilitação do Operador de Transporte Multimodal, de que também tratam a Lei n. 9.611, de 19 de fevereiro de 1988, e o Decreto n. 1.563, de 19 de julho de 1995. Esta resolução de 2004 regulamenta os procedimentos que deve seguir uma pessoa jurídica nacional ou o membro de uma empresa estrangeira para habilitar-se como Operador de Transportes Multimodal (OTM).

Caso o OTM seja caracterizado como sociedade comercial, será necessário um contrato social ou um ato constitutivo. Já no caso de uma sociedade por ações, será necessário apresentar o termo de posse dos administradores, o estatuto social e o documento de eleição. Em caso de ser uma firma individual, será preciso apresentar o seu registro comercial. A operação de transporte multimodal poderá ser executada por pessoa jurídica (CNPJ) e, para tanto, será necessária a apresentação de seu número de inscrição.

Nas solicitações para realizar transportes entre países do Mercosul, será preciso apresentar comprovação de patrimônio mínimo em bens ou equipamentos, com um total de 80.000 DES, o que pode ser informado pelo Banco Central do Brasil, por um aval de outro banco ou um equivalente seguro de caução.

O Conhecimento de Transporte Multimodal de Cargas (CTMC) expõe o contrato dos transportes de tipo multimodal e regula suas operações logísticas, desde o recebimento até a entrega da carga. Estes contratos podem ser negociáveis ou não e isto fica a critério do expedidor.

2. Mercadorias e cargas

Para melhor compreensão desses temas, cumpre entender e diferenciar os conceitos de mercadoria e de carga: uma mercadoria consiste em um produto comercializado. Já uma carga pode ser definida como uma mercadoria que, sendo transportada, envolve o pagamento de um frete, relativo ao serviço de transporte. As cargas podem ser de tipo a granel ou geral.

As cargas a granel, tidas como homogêneas, não podem ser dispostas em embalagens, podendo apresentar-se nas formas sólida, líquida ou gasosa.

Já as cargas gerais dividem-se em fracionadas, heterogêneas ou soltas. Essas cargas podem ser dispostas em embalagens adequadas a cada tipo de mercadoria, tais como caixas, tambores, cartões, fardos, sacos, engradados e bobinas de papel. Também compreendem volumes que não podem ser propriamente embalados, como máquinas de grandes dimensões, carros, caminhões, blocos de pedra, entre tantos outros.

Há cargas consideradas especiais que demandam normas específicas, embalagens adequadas e procedimentos diferenciados, devido a peculiaridades físico-químicas. Temos como exemplos as cargas de tipo perigoso, as cargas frigoríficas e as cargas vivas;

São tidas como perigosas as cargas cuja mercadoria pode ser de algum modo prejudicial à saúde. Estão aqui incluídos produtos corrosivos, inflamáveis, radioativos e abrasivos. Há normas internacionais para sua estivagem, armazenagem e transporte, justamente pelo alto nível de periculosidade. Determinadas cargas são transportadas por embarcações especiais, tais como navios químicos e navios-tanque. Porém, se a carga perigosa apresentar um volume pequeno, pode ser disposta em contêineres-tanques ou em contêiner dry, quando acondicionada em embalagens especiais disponíveis no mercado. Mais adiante, trataremos também dos tipos de contêineres. Por uma questão de segurança, a distribuição dessas cargas perigosas deve obrigatoriamente trazer rótulos com a indicação da espécie da carga armazenada, estampados nas embalagens e nos painéis externos do contêiner. Segundo a Organização Marítima Internacional (IMO), tais rótulos padronizados devem estar destacadamente visíveis.

As cargas frigoríficas são carregadas em navios frigoríficos, que podem ser porta-contêineres, quando esses recipientes são refrigerados ou insulados. Também chamamos de navio frigorífico cargueiros dotados de câmaras frigoríficas em seus conveses.

Por fim, cargas vivas podem ser seres humanos, animais ou plantas. Na malha hidroviária, o ser humano é transportado em *ferry boat* e catamarãs, barcos de passageiros adequados a pequenas distâncias, ou então em navios de cruzeiro, no caso de serem longas as distâncias a percorrer. As cargas de animais são preponderantemente transportadas em aviões, haja vista o tempo de percurso curto, sendo que, no caso de viagens pelo mar, tais cargas são levadas em navios multifuncionais com rampas laterais. Já a plantas são transportadas somente por aviões, por apresentarem uma perecibilidade muito alta.

3. Unitização e desunitização de cargas: conceitos gerais e tipos de unitização

A unitização é uma operação logística que une mercadorias de diferentes tamanhos, formatos e pesos em cargas de volumes uniformes, racionalizando o espaço útil e proporcionando maior segurança e rapidez no embarque e desembarque dos veículos mecânicos. É essencial que as cargas unitárias sejam de grande porte, mas obrigatoriamente compatíveis com a equipagem usada na movimentação. Em suma, a unitização transforma volumes heterogêneos de pequeno porte em volumes homogêneos com dimensões maiores, com o objetivo de reduzir os custos de viagem e a permanência dos veículos nos portos e proporcionar maior segurança à carga, sem a necessidade de manuseá-la diretamente.

Os métodos de unitização mais comumente utilizados são contêineres, cargas paletizadas, cargas pré-lingadas e contentores flexíveis (sapatas).

3.1 Custos e segurança na unitização de cargas

A unitização simplifica e aprimora a logística das operações de transporte, da origem ao destino, gerando ganhos substanciais, principalmente quanto a produtividade, otimização na ocupação do espaço e custos. Isso porque atividades como conferência de carga, transporte, manipulação, armazenamento, separação e entrega, são executadas de modo mais eficiente, o que diminui os custos de capatazia portuária e garante maior segurança às mercadorias.

Embora se trate de uma técnica que racionaliza e incrementa a logística, não existe um modelo perfeito e único de unitização. No transporte de diferentes materiais, como cal e cimento, ou mesmo produtos como alimentos processados, os têxteis, azulejos ou fornos micro-ondas, só aparecerão de modo global as vantagens de cada método quando forem avaliados todo o processo e seus custos. Além disso, algumas precauções podem ser tomadas ao se inteirar sobre cada sistema, suas vantagens e desvantagens. Por exemplo, examinar as adequações físicas da carga com as embalagens usadas no transporte, conhecer os métodos de acondicionamento de carga usados na exportação de produtos por navegação marítima, e verificar os equipamentos utilizados e seu manuseio. No caso do transporte marítimo regular, será preciso, ainda, considerar as prescrições técnicas para as cargas.

Buscar otimizar as embalagens, diminuindo seu peso e os espaços vagos, garantindo aos produtos sua integridade física, e selecionar as unidades de carga que poderão ser utilizadas são bons recursos para melhor aproveitar sistemas de unitização. Deve-se também comparar os custos estimados para cada diferente tipo de acondicionamento do produto. Além disso, é muito importante fazer uma estimativa dos custos do transporte até o porto no exterior, tanto das unidades de carga quanto das embalagens de transporte.

4. Sistemas de unitização de cargas

4.1 Pré-lingagem e lingagem

A pré-lingagem é um sistema de unitização de cargas que consiste em dispor a carga em redes especiais, feitas de corda ou de *nylon*, para propiciar um melhor manuseio, através de guindastes, agilizando o carregamento e o descarregamento. Já a lingagem é uma técnica de elevação de carga através do uso de lingas – cabos de aço, cintas têxteis ou correntes –, com diversas aplicações. Destaca-se por apresentar uma grande resistência e flexibilidade.

Quando feita por meio de correntes acaba por resultar em um aumento do peso das cargas, todavia isso pode compensado pelo uso de materiais tecnologicamente aprimorados buscando a máxima resistência. As lingas de corrente podem ser fabricadas sob medida, conforme a encomenda.

Uma boa alternativa à corrente são os mecanismos têxteis de lingagem, como os laços circulares e as cintas de elevação, por conta de seu peso reduzido e sua elevada flexibilidade. Atualmente, os acessórios têxteis para a lingagem estão equipados com um transponder RFID, que proporciona o monitoramento eletrônico dos produtos. O código único e exclusivo do transponder, junto ao produto, fornece sua identificação exata, o que simplifica o registro de toda a documentação das inspeções, incluindo seus inspetores e produtos, o que é, por lei, indispensável em termos de segurança.

4.2 Paletização

Outra forma de unitizar as cargas é a paletização, que consiste no uso de engradados de madeira que servem de suporte onde ficam atadas as cargas. Os paletes, ou *pallets*, têm uma base vazada, o que permite o encaixe dos garfos das empilhadeiras, com otimização do manuseio da carga.

Entre as **vantagens** do uso de *pallets* estão:

- Redução de perdas, roubos e avarias à carga;

- Diminuição da rotulagem e da marcação dos embarques, não sendo preciso efetuar as operações para cada item;

- Agilização do carregamento e do descarregamento, tanto de veículos quanto de embarcações, impedindo que se demorem em portos e terminais, aumentando a rotatividade e diminuindo o número de atrasos;

- Redução na utilização de mão-de-obra para movimentar a carga nas dependências da empresa exportadora;

- Elevação da capacidade de estocagem, através de alturas maiores de empilhamento;

- Diminuição nos valores das taxas de capatazia e de estiva portuária;

- Diminuição do valor básico do frete marítimo em relação a outros modos de acondicionamento. Em caso de haver frete promocional (*liner-terms*), é possível obter franquias e descontos sobre o frete básico marítimo;

- Possibilidade de execução do "sistema global de transportes", onde a carga é transportada por unitização, saindo do produtor e chegando até o lojista, que pode vender o produto diretamente do palete.

Entre as **desvantagens** do uso de *pallets* estão:

- Envolvem haver espaços desocupados no interior da unidade de carga. O que faz ser necessário investir em peças de fixação dos produtos na plataforma e na equipagem destinada a movimentar os recipientes. Se as empresas que fazem o transporte não constituírem franquias específicas para essas qualidades físicas do palete, o peso da plataforma e seu volume podem vir a aumentar o valor do frete.

- Eventuais exigências de alterações nos leiautes das instalações dos terminais intermediários e do exportador, o que também gerará um aumento nos custos.

4.3 Conteinerização

A conteinerização é a forma de unitização mais utilizada no transporte internacional. Esse método consiste em dispor as cargas em um receptáculo, com o aspecto de um baú, chamado contêiner, que oferece mais facilidade e segurança no manuseio e transporte das cargas. Graças à sua natureza intermodal, com capacidade dinâmica de transferência entre várias embarcações (terrestre, marítima ou aérea), sem prejuízo da carga, a conteinerização alcançou uma padronização em termos globais.

Um importante benefício da conteinerização, em relação a mercadoria, está na estocagem em áreas descobertas. Mas tal benefício pode ser atenuado se o exportador pagar a taxa de *demurrage*, relativa à sobre-estadia pelo uso do contêiner além do prazo livre. Proporciona, ainda. maior velocidade nos carregamentos e descarregamentos, aumentando a rotatividade em portos e terminais. Também há a vantagem de se poder carregar e descarregar veículos e embarcações sob intempéries.

A unitização via contêineres garante um transporte mais seguro, com a diminuição de avarias na carga, de perdas e furtos e mais veloz com o uso de navios expressos.

Além disso, a conteinerização pode representar uma opção financeiramente mais vantajosa. Nas ocasiões em que a empresa exportadora contrata o serviço de estiva a bordo, são reduzidos os custos com taxas de capatazia, nos portos, e de conferência, estiva e conserto de carga. Em situações em que o contêiner é transportado do exportador para o importador economiza-se com embalagem e rotulagem. Em caso de frete promocional (*liner-terms*), o valor do frete marítimo é menor que o pago por outros modos de acondicionamento, quando pode haver também descontos sobre o frete básico marítimo.

Contudo, para movimentar a unidade nos pontos de transferência, recebimento e expedição, é necessário o uso de equipamentos que demandam um alto grau de investimento e possuem peças com altos valores de reparo e reposição. A conteinerização também envolve o pagamento do frete mínimo marítimo, que pode vir a extrapolar o frete da carga levada que use outro modo de acondicionamento. A assimilação da tara do contêiner na tonelagem total do transporte, quando a carroceria for reversível, entre contêiner e carga seca, também pode provocar acréscimos, dessa vez no frete rodoviário.

Por fim, outra desvantagem a ser levada em conta é o valor do aluguel do contêiner, relativamente caro. Além disso, paga-se a taxa de sobre-estadia (*demurrage*) na utilização do recipiente, em casos em que estiver à disposição da empresa exportadora por um período que extrapole o prazo livre.

4.3.1 Tipos de contêineres

Tipos de contêineres totalmente fechados são o *bulk container*, indicado para o transporte de granéis sólidos, tais como os produtos agrícolas, o *reefer*, indicado para cargas perecíveis, que necessitam de controle de temperatura, a exemplo de sorvetes, verduras, frutas e carnes, servindo tanto para cargas refrigeradas quanto congeladas, e o *Dry Box*, o mais utilizado e apto ao transporte de cargas secas, tais como roupas, alimentos e móveis. Para carga, o *bulk container* possui escotilhas no teto e, para descarga, uma escotilha ao fundo, na parte inferior. O *reefer* e o *Dry Box* contam com portas aos fundos.

Sendo muito semelhante ao *Dry Box*, o *ventilated* se diferencia por aberturas pequenas na parte inferior ou superior das paredes, permitindo a ventilação, sendo, portanto, recomendado para cargas tais como café e cacau.

Já o *open top* é uma modalidade de contêiner fechado coberto por uma lona que, além de uma porta nos fundos, conta também com um acesso especial superior, uma vez que não possui teto. É indicado para cargas cujo embarque pela porta dos fundos apresenta sérias complexidades, como, por exemplo, nas mercadorias cuja altura exceda à do contêiner e cujas cargas não podem ser estufadas num *Dry Box* comum.

Uma variação do contêiner de tipo *open top* é o *Half height*, adequado para cargas extremamente densas, como os minérios. Trata-se de um recipiente de meia altura, sem teto, fechado com lonas e com uma cabeceira basculante.

O *open side* é indicado para cargas que excedem, mesmo que minimamente, a largura do equipamento, porque apresenta três paredes somente. Outra de suas vantagens é a otimização da estufagem ao se usar a porta dos fundos. Já o *flat rack* é um arranjo entre o *open top* e *open side*, apresenta cabeceiras fixas ou dobráveis, sem paredes e sem teto, sendo o recipiente apropriado para cargas simultaneamente grandes e pesadas.

Exitem, ainda, os contêineres de tipo *platform* e *tank*. O primeiro tem somente o piso e é o indicado para cargas de grandes dimensões ou muito pesadas, não apresentando paredes nem teto. Já o segundo é um contêiner-tanque, que se estrutura no interior de uma armação de tamanho padronizado, e suporta diferentes níveis de periculosidade, sendo ideal para transporte de líquidos e fluidos em geral.

4.3.2 Estufagem de contêineres

Uma situação de difícil otimização é levar o contêiner vazio para onde é feita a estufagem, processo no qual se busca ocupar os espaços vazios em seu interior, que sempre precisa ser completamente preenchido. Quando a carga não é suficiente, deve ser devidamente fixada.

Assim, é comum as cargas serem amarradas com cabos, extensores e cordas, ou então escoradas com cavaletes, estrados ou bolsas de ar, o que impede a carga de se movimentar no interior do contêiner e ser danificada.

Na estufagem é de fundamental importância o ponto de equilíbrio do contêiner, para que a unidade seja manipulada adequadamente pelo veículo transportador, prevenindo-se acidentes e outros problemas. Em caso de embalagens irregulares ou pesos diferentes entre si, deve-se impedir o excesso de peso num dos lados do recipiente. Por conta disso, mercadorias mais pesadas devem ficar, necessariamente, abaixo das mais leves.

Caso a quantidade seja grande, mas não o bastante para completar totalmente o recipiente, não se deve nunca colocar toda a mercadoria no fundo, mas preencher apenas o primeiro piso. Já quando a carga for muito pequena em relação à capacidade do contêiner, as mercadorias têm de ser estivadas no centro da unidade para conservar seu equilíbrio e conferir-lhe estabilidade.

Com empilhadeiras e paleteiras para o transporte da carga ou por meio do transporte individual de cada volume, a estufagem pode, também, ser feita manualmente. Para contêineres sem teto, são utilizadas, ainda, esteiras rolantes ou guindastes.

5. Desunitização de cargas

Desunitizar uma carga consiste em tirá-la do aparelho recipiente, seja um contêiner ou mesmo outro equipamento.

Entende-se que esse procedimento deve obedecer a alguns requisitos básicos: identificação da unidade de carga; conferência de data e horário do início e do fim do procedimento; identificação dos lacres que foram retirados; identificação dos novos lacres apostos (nem sempre necessário); e identificação e assinatura dos agentes portuários que efetivaram e acompanharam a operação.

Em território brasileiro, segundo o artigo 720 do Decreto n. 3.680/00, "a unitização e a desunitização de cargas, quando realizadas em locais e recintos alfandegados, serão feitas somente por agentes previamente credenciados pela Secretaria da Receita Federal", que estabelecerá os requisitos e condições. No caso do transporte multimodal internacional, a desunitização deverá ser realizada em recinto alfandegado.

Os locais de unitização e desunitização podem ser variados e suas combinações podem ser resumidas da seguinte forma:

- **Fechamento *pier/pier*:** a carga é unitizada no porto de origem e desunitizada no porto de destino;

- **Fechamento *pier/house*:** carga é unitizada no porto de partida e desunitizada nas instalações do consignatário;

- **Fechamento *house/pier*:** a carga é unitizada nas instalações do exportador e desunitizada no porto a que se dirige;

- **Fechamento *house/house*:** a carga é unitizada nas dependências do exportador e desunitizada nas dependências do importador.

Em termos de custo financeiro, a expressão FCL (*full container load*) confere a responsabilidade de custear a desunitização da carga ao cliente. Já a sigla LCL (*less than a container load*) significa que isso é responsabilidade do armador, pois certas unidades podem ter mercadorias pertencentes a vários clientes.

Assim, são possíveis quatro acordos distintos entre as partes:

- **LCL/FCL:** unitização sob responsabilidade do transportador e desunitização por parte do consignatário.

- **FCL/LCL:** unitização sob responsabilidade do exportador e desunitização cabendo ao transportador, sendo feita no porto de origem.

- **LCL/LCL:** unitização e desunitização sob responsabilidade do transportador.

- **FCL/FCL:** unitização sob responsabilidade do exportador e desunitização cabendo ao consignatário, sem envolvimento do transportador.

6. Consolidação e desconsolidação de cargas

A consolidação consiste em acondicionar distintas mercadorias de um ou vários clientes que tenham o mesmo ponto de chegada, como se fosse apenas uma mercadoria, o que reduz os custos para cada empresa envolvida. Tal serviço é ofertado por um *freight forwarder*, ou seja, um agente consolidador, que lança os conhecimentos do embarque, chamados *house*, denominados "filhote" no meio aduaneiro. Trata-se de um contrato entre transportador e embarcador. A mercadoria consolidada é, então, embarcada sob o máster, que confere um conhecimento geral do processo. Em outras palavras, o máster consiste em um contrato envolvendo o agente de cargas e o transportador.

Tais conhecimentos das operações diferem de acordo com o meio de transporte. Sendo assim, temos o *Bill of Lading* (BL), referente ao conhecimento marítimo; o *Air Waybill* (AWB), sobre o conhecimento aéreo; o *Road Waybill*, a propósito do conhecimento rodoviário; e o *Rail Waybill*, sobre o conhecimento ferroviário. Esses conhecimentos são unidos em manifestos, onde constam os conhecimentos das cargas que possuem a mesma origem e o mesmo destino, também registram as mercadorias, o veículo, os números de consignatários e a origem. As cargas embarcadas que têm igual destino, mas que foram identificadas depois do encerramento do manifesto, acabam por ser registradas em outro manifesto complementar.

Quando a carga chega ao seu destino, as mercadorias são separadas, no processo denominado desconsolidação.

7. Transporte intermodal de cargas

O transporte intermodal utiliza mais de um meio de transporte, tendo cada modal seus próprios documentos fiscais, diferentemente do transporte multimodal, em que há emissão de um único documento de embarque por um agente titular responsável por toda a operação. Embora compreenda o envolvimento de múltiplos modais, o sistema intermodal não acarreta "quebra" da carga, isto é, o modo de tração e de acomodação da carga continuam sendo os mesmos. O objetivo desse tipo de sistema é integrar os canais de distribuição, tornando menor o custo básico se comparado à soma dos custos de cada modal envolvido na operação.

Atualmente, a intermodalidade pressupõe uma visão sistêmica da cadeia de suprimento, o que diminui, ou mesmo extingue, as interrupções no translado de cargas, seguindo a lógica da velocidade na entrega dos produtos vendidos. As interfaces entre os diferentes modais são administradas por várias empresas, o que torna necessário uma minuciosa examinação de toda a logística das empresas que compõem a cadeia, com o objetivo de suprimir as atividades que não agregam valor ao produto para o consumidor final.

Além disso, o intermodal proporciona aos exportadores explorar novos mercados, e permite às empresas importadoras acessar outras fontes de suprimento. Para isso, é necessário otimizar o sistema e não somente incrementar cada um dos modais.

Esse é um sistema que opera de modo integrado, considerando desde o público-alvo consumidor até as melhores estratégias de distribuição, a fim de atingir, simultaneamente, a diminuição dos custos e a satisfação dos clientes. Tal método possibilita que parte do resultado financeiro seja aplicada em pesquisa tecnológica, possibilitante uma redução de custo a médio prazo.

8. O caso do Brasil

Mesmo que o transporte por rodovias não seja financeiramente atrativo para médias e longas distâncias, no Brasil, ele ainda é o mais utilizado em todos os trajetos.

Visto que grande parte das ferrovias brasileiras tem como destino o litoral, os multitrens poderiam servir como fonte de carga, sendo a redistribuição por via dos portos feita através da navegação de cabotagem. Este é um exemplo de integração modal que começaria a ensaiar uma real e efetiva multimodalidade no país.

8.1 A navegação de cabotagem

A Navegação de cabotagem se faz majoritariamente pelo mar, ligando os portos de um mesmo país, mesmo que o percurso conte com um lago ou um rio. Mesmo sendo pouco flexível e demandar um tempo maior de transporte, a cabotagem é muito competitiva quanto a produtos de pequeno valor agregado, tais como o cimento, o ferro e determinados químicos derivados do petróleo.

Com sua longa costa marítima, o Brasil possui um potencial de cabotagem notável em sua malha hidroviária. Nas últimas décadas, houve algum progresso nesse sentido. Mesmo que ainda em número reduzido, as empresas de logística já utilizam este tipo de navegação. A cabotagem no país, e em todo o mundo, é um mercado com barreiras regulatórias. Mesmo assim, em 2012, a cabotagem brasileira já oferecia quatro saídas por semana, o que representa um progresso de suma importância para as operações nacionais.

O desafio das empresas operadoras é apresentar resultados positivos para seus acionistas, a despeito dos custos operacionais deste modal, tais como o custo do próprio navio, a remuneração da mão de obra a bordo, o combustível e as taxas operacionais nos terminais portuários, dentre outros.

8.2 Outros modais

O modal ferroviário é o mais apropriado para grandes volumes de carga, especialmente as de alta densidade e preço relativamente baixo, as cargas "pesadas e baratas", como os minérios. Os trens são consideravelmente menos poluentes do que os caminhões e possuem excelente conversibilidade energética e nível de adaptabilidade quanto à espécie da carga transportada, e ainda pode contar com uma cobertura geográfica vasta, apresentando custos menores quanto às embalagens.

Enquanto não começar a explorar as possibilidades das ferrovias e das hidrovias, o Brasil dificilmente alcançará uma aplicação eficiente dos sistemas multimodais e intermodais.

Além dos modais ferroviário, hidroviário e rodoviário, ainda temos o modal aéreo. Apesar de seu alto custo, envolve menos tempo de transporte, maior segurança e é o mais adequado para produtos com grande valor agregado. Tem, contudo, como desvantagem a lentidão no desembarque da carga por conta da capacidade dos aeroportos brasileiros estar desgastada a ponto de ruir.

Vale, também, considerar o modal dutoviário, o transporte por meio de dutos, que ainda carece de maiores investimentos no país. Trata-se de um sistema que demanda pouca mão de obra e manutenção, e apresenta, mesmo assim, alta velocidade operacional. Conta com uma longa vida útil, sendo apropriado para o transporte de líquidos e gases, como o gás natural. Tem como únicas desvantagens a sua quase inexistente flexibilidade para adaptação a outros tipos de carga e a necessidade de alto investimento inicial.

8.3 Intermodalidade no Brasil

Embora ainda haja muito que se fazer em prol dos sistemas integrados de transporte no Brasil, a utilização da intermodalidade pode e transformar em realidade. Investimentos públicos e privados em infraestrutura são fundamentais para a evolução desse sistema. No segundo mandato de Fernando Henrique Cardoso, o Governo Federal, por meio do Programa Brasil em Ação, deu início a um programa para o desenvolvimento de sistemas de transporte com mais de um modal, lançando esforços nessa direção. Embarcadores, como a Usiminas, a CSN, a Feterco e a Cargill, passaram a investir no desenvolvimento dos terminais. Surgiram empresas que ofertam soluções integradoras, como o transporte multimodal, incluindo o transporte nos terminais, o acompanhamento da carga, a armazenagem e a gerência do estoque.

A eficácia dos sistemas intermodais pode ser aprimorada através de processos de unitização. Além disso, na medida em que abrevia a estada dos navios nos portos, a carga unitizada possibilita fretes promocionais ou mesmo a diminuição do valor do frete em viagens conferenciadas mais longas, enquanto põe o usuário em condições de negociar preços melhores nas não conferenciadas.

A tecnologia da informação possibilita o rápido acesso ao *status* da carga para clientes e embarcadores, contribuindo, pois, com a agilização de processos integradores. Algumas das maiores empresas de *courier* dos EUA já utilizam um sistema de acompanhamento de entrega via internet. Na realidade, muitas são as empresas de transporte internacional que oferecem serviço postal (*courier*), cada um delas contando com características próprias, especialmente no que diz respeito aos valores e ao prazo de entrega. Em geral, seu serviço é mais rápido, mas conta com tarifas mais altas e as encomendas são tributadas no ato mesmo do envio. Algumas ferrovias brasileiras já contam com o serviço de GPS (*Global Positioning System*).

Referências bibliográficas:

ALVAREZ, A. *Intermodalidade e Multimodalidade.* Disponível em: <http://logisticazulmira.blogspot.com.br/2011/04/intermodalidade-e--multimodalidade.html>.

CUNHA, M. *O transporte intermodal e multimodal.* Disponível em: <http://www.portalsupplychain.com.br/pdf/artigos/Artigo_Marcilio-Cunha1.pdf>.

FONSECA, R. O. A navegação de cabotagem de carga no Brasil. *Mercator*, Fortaleza, v. 14, n. 1, p. 21-46, jan./abr. 2015.

FRAGELLI, G. A. *O Desenvolvimento da conteinerização e seus efeitos no comércio internacional e nos portos.* Monografia – MBA Portos e Logística – CEPAC – Universidade Gama Filho – Rio de Janeiro, 2004.

JUNIOR, A. B. *O porto de Salvador – Análise da realidade atual, sus necessidades e comparações pós-lei 8.630/93* – Dissertação de Mestrado – Programa de Pós-graduação em Engenharia Industrial - PUC-Rio – Rio de Janeiro, 2006.

LEMOS, V. C., KATZ, I. Estudo Comparativo da distribuição de cargas fracionadas e consolidadas de pisos laminados de madeira de uma indústria de Botucatu (SP). ***Tékhne ε Lógos***, Botucatu, SP, V. 2, N. 1, out. 2010.

MAY, C. B. *A industrialização no Brasil: uma análise histórica e econômica de suas origens.* Monografia – Depto. de Ciências Econômicas – UFSC - Florianópolis, 2009.

MONARO, R. L. G., PINTON, C. G. S., MONARO, D. L. G. A influência da paletização na qualidade das cargas durante o transporte físico.

XXXV Encontro Nacional de Engenharia de Produção – Perspectivas Globais para a Engenharia de Produção. Fortaleza, CE, Brasil, 13 a 16 de outubro de 2015.

SOUZA, B. F. *Ferrovia, desenvolvimento econômico e poder local em Araguari: sistema oligárquico (1894-1930)* – Monografia – Departamento de História e Ciências Sociais / Regional Catalão – UFGO – Catalão, 2014.

Transportes no Brasil – Síntese histórica. Disponível em: <http://transportes.gov.br/conteudo/136-transportes-no-brasil-sintese-historica.html>.

Unitização de Cargas. Disponível em: <http://www.novomilenio.inf.br/porto/contei24.htm>.

Exercícios

Transporte multimodal e intermodalidade

1 – A propósito da malha rodoviária brasileira em face de nossa malha ferroviária, assinale a alternativa correta quanto às proposições verdadeiras ou falsas.

I. Com as privatizações, as ferrovias brasileiras superaram seus problemas técnicos e nossa malha ferroviária já nos é suficiente.
II. Mesmo com problemas técnicos a serem enfrentados, as ferrovias brasileiras teriam de ser mais bem exploradas.
III. É do conhecimento de todos que a malha rodoviária é usada no Brasil para transportes tanto de longa distância quanto de curta distância.
IV. Todavia, sabe-se também não ser o modal rodoviário a melhor opção, porque o transporte por rodovias não é financeiramente atrativo para médias e longas distâncias.
V. O modal rodoviário é a melhor opção para curtas, médias e longas distâncias.

a) F, V, V, V e F
b) F, F, V, F e V
c) F, F, F, V e V
d) V, F, F, F e V
e) V, V, V, F e V

2 – O que o termo intermodal significa atualmente? Assinale a alternativa correta.

a) Transferência de cargas entre diferentes tipos de modais.

b) Transferência de cargas entre os mesmos tipos de modais.

c) Atualmente o termo pressupõe a visão sistêmica da cadeia de suprimento, que aumenta as interrupções no translado de cargas.

d) Atualmente o termo pressupõe a visão sistêmica da cadeia de suprimento, que diminui, ou mesmo cessa as interrupções no translado de cargas, seguindo a lógica da velocidade na entrega dos produtos vendidos.

3 – Sobre o modo de operação da cadeia de suprimento, assinale a alternativa incorreta:

a) Uma vantagem deste método de trabalho é que parte do resultado financeiro pode ser aplicado em pesquisa tecnológica, que propicia redução de custo a médio prazo.

b) A cadeia de suprimento objetiva simultaneamente a diminuição dos custos e a satisfação dos clientes.

c) Esta cadeia opera de modo totalmente fragmentado, considerando desde o desejo do consumidor até as melhores estratégias de distribuição.

d) Uma outra parte do resultado financeiro torna possível a diminuição no preço para o consumidor.

4 – Sobre as possíveis desvantagens da conteinerização, marque a alternativa correta:

a) Poucos espaços vagos no interior de uma unidade de cargas.

b) A conteinerização prescinde do pagamento do frete mínimo marítimo.

c) O frete máximo marítimo, que pode vir a ser inferior ao frete da carga levada que use o mesmo modo de acondicionamento.

d) O frete mínimo marítimo, que pode vir a ser inferior ao frete da carga levada que use outro modo de acondicionamento.
e) O frete mínimo marítimo, que pode vir a extrapolar o frete da carga levada que use outro modo de acondicionamento.

5 – A respeito dos tipos de contêineres, assinale a afirmativa incorreta:

a) O Dry Box é semifechado e possui portas para acesso em seu fundo.
b) Dos vários tipos de contêineres, destacamos o Dry Box, o mais utilizado e apto ao transporte de cargas secas, tais como roupas, alimentos e móveis.
c) Um outro contêiner semelhante é o Ventilated, que possui aberturas pequenas no alto das paredes, que podem tê-las também em sua parte inferior, permitindo a ventilação.
d) Por essa característica o contêiner Ventilated é recomendado para cargas tais como café e cacau.
e) O contêiner Reefer é completamente fechado, possui portas nos fundos, indicado para cargas perecíveis, que necessitam de controle de temperatura, a exemplo de sorvetes, verduras, frutas e carnes, e serve tanto para cargas refrigeradas quanto para as congeladas.

6 – Sobre a unitização de cargas, assinale a alternativa correta:

a) O objetivo da unitização é reduzir o tempo de viagem.
b) É um avançado processo de armazenagem de cargas, em silos e tonéis de alta capacidade volumétrica.
c) Consiste no desenvolvimento de sistemas avançados de movimentação de cargas, que acondiciona volumes de modo uniforme em determinadas unidades de carga.
d) O objetivo da unitização é reduzir a permanência dos contêineres nos armazéns.

e) O objetivo da unitização é proporcionar maior segurança à carga, sem que seja necessário manuseá-la diretamente.

7 – Sobre os métodos e as vantagens da unitização, assinale a alternativa correta:

a) Os únicos métodos de unitização confiáveis são os contêineres e as cargas paletizadas.
b) São substanciais os ganhos obtidos com a unitização, mas somente quanto à produtividade, otimização na ocupação do espaço e quanto aos custos.
c) Os únicos métodos de unitização confiáveis são as cargas pré-lingadas e os contentores flexíveis (sapatas).
d) São substanciais os ganhos obtidos com a unitização, principalmente quanto à produtividade, otimização na ocupação do espaço e quanto aos custos.
e) São substanciais os ganhos obtidos com a unitização, principalmente quanto à produtividade, mas apenas quanto à otimização na ocupação do espaço.

8 – Em que consiste a estufagem?

a) Quando a carga completa o interior do recipiente, essa necessita ser devidamente fixada.
b) É um processo no qual se busca obter espaços vazios no interior dos recipientes de carga.
c) É um processo no qual se busca ocupar os espaços vazios no interior dos recipientes de carga, que sempre precisam ser completamente ocupado.
d) Quando a carga não é o bastante, essa necessita ser movimentada dentro do recipiente.

e) Na estufagem as cargas são amarradas cavaletes, estrados ou bolsas de ar ou então escoradas com cabos, extensores e cordas.

9 – Sobre o ponto de equilíbrio na estufagem, assinale a opção correta:

a) Na estufagem é de fundamental importância o ponto de equilíbrio do contêiner, para que a unidade seja manipulada adequadamente pelo operador de transporte multimodal.
b) Em caso de a mercadoria tiver pesos diferentes entre si, o processo de estufagem deverá ter a preocupação de impedir que haja excesso de peso em ambos os lados do recipiente.
c) Em caso de a mercadoria tiver embalagens regulares, a estufagem deverá ter a preocupação de impedir que haja excesso de peso num dos lados do recipiente.
d) Em caso de a mercadoria tiver pesos diferentes entre si, o processo de estufagem deverá ter a preocupação de provocar excesso de peso num dos lados do recipiente.
e) Na estufagem é de fundamental importância o ponto de equilíbrio do contêiner, precavendo-se contra acidentes e outros problemas.

10 – A propósito da consolidação de cargas, marque a opção correta:

a) A consolidação consiste em acondicionar distintas mercadorias de apenas um cliente.
b) Trata-se de um contrato entre transportador e operador.
c) Tal serviço é ofertado pelo freight forwarder, ou seja, o agente consolidador, que lança os conhecimentos do embarque, chamados house – que no meio aduaneiro se denomina "filhote".
d) A mercadoria já consolidada é então desembarcada sob o máster, que confere um conhecimento geral do processo.

e) O máster consiste em um contrato envolvendo o agente de cargas e o OTM.

11 – O que é a desconsolidação de cargas?

a) É a separação das mercadorias quando chegam ao seu destino.
b) É a união das mercadorias quando partem de sua origem.
c) É a união das mercadorias quando chegam ao seu destino.
d) É a separação das mercadorias durante o transporte.
e) É a união das mercadorias durante o transporte.

12 – Sobre o Transporte Multimodal de cargas, assinale a alternativa correta:

a) É um tipo de transporte que envolve vários modais, desde a origem até o destino, com a intenção de reduzir o tempo gasto, os custos e o impacto ambiental gerado pelos deslocamentos.
b) Trata-se de uma operação logística complexa, que aumenta o tempo gasto no transporte.
c) Trata-se de uma operação logística complexa, que acaba aumentando os custos do transporte.
d) Designa um tipo de transporte que pode carregar vários tipos de cargas.
e) Trata-se de uma operação logística complexa, que acaba aumentando o impacto ambiental gerado pelos deslocamentos.

13 – OTM significa Operador de Transporte Multimodal. Sobre esta função, é correto afirmar que:

a) Trata-se de uma pessoa jurídica contratada como principal responsável, e não como agente exclusivo, para a realização do TMC da origem até o destino, por seus próprios meios ou através de terceiros, que pode ou não ser transportador.

b) Trata-se de uma pessoa jurídica contratada como agente exclusivo para a realização do TMC da origem até o destino, por seus próprios meios ou através de terceiros, que pode ou não ser transportador.

c) Trata-se de uma pessoa física contratada como principal responsável, e não como agente exclusivo, para a realização do TMC da origem até o destino, por seus próprios meios ou através de terceiros, que pode ou não ser transportador.

d) Trata-se de uma pessoa jurídica contratada como principal responsável, e não como agente exclusivo, para a realização do TMC da origem até o destino, exclusivamente por meio de terceiros.

e) Trata-se de uma pessoa física contratada como agente exclusivo para a realização do TMC da origem até o destino, por seus próprios meios, devendo obrigatoriamente ser transportador.

14 – Quanto às características da carga especial, assinale a alternativa correta:

a) Há cargas que são consideradas especiais, devido a peculiaridades físico-químicas. Sendo assim, demandam normas específicas, embalagens adequadas e procedimentos diferenciados.

b) Há cargas que são consideradas especiais, devido a peculiaridades químicas. Sendo assim, demandam normas específicas, embalagens adequadas e procedimentos diferenciados.

c) Há cargas que são consideradas especiais, devido a peculiaridades físico-químicas, demandando apenas normas específicas.

d) Há cargas que são consideradas especiais, devido a peculiaridades físico-químicas. Sendo assim, demandam normas específicas, mas prescindem de embalagens adequadas e procedimentos diferenciados.

e) Há cargas que são consideradas especiais, devido a peculiaridades físicas. Sendo assim, demandam normas específicas, embalagens adequadas e procedimentos diferenciados.

15 – Sobre os tipos de carga viva, assinale a afirmativa correta.

a) As plantas são transportadas somente por aviões, por apresentarem pesos e volumes reduzidos.
b) Na malha hidroviária, as cargas de animais são levadas em navios multifuncionais que possuam rampas laterais.
c) O transporte de passageiros pode acontecer em catamarãs e navios de cruzeiro, que são barcos de passageiros adequados a pequenas distâncias.
d) O transporte de passageiros acontece apenas em Ferry Boat, adequados a longas distâncias.
e) Por fim, as cargas de animais são preponderantemente transportadas em trens, haja vista seu tempo de percurso ser curto.

16 – A propósito dos conceitos de Linga, Lingagem e Pré-Lingagem, assinale a afirmativa incorreta:

a) A linga é o acessório de carga mais usado nos transportes.
b) As lingas podem ser correntes, laços circulares e cintas de elevação.
c) Na Pré-lingagem a carga é disposta em fortes redes, feitas de aço ou ferro, tornando mais lento o carregamento e o descarregamento das cargas.
d) A lingagem é uma técnica de elevação de carga, com diversas aplicações.
e) Na Pré-lingagem a carga é disposta em redes especiais, feitas de corda ou de nylon, para propiciar um melhor manuseio por meio de guindastes, tornando o carregamento e o descarregamento mais ágeis.

17 – Sobre os pallets e a paletização, assinale a afirmativa correta.
a) A Paletização é uma forma de desunitizar as cargas.
b) Apesar dos baixos custos, os paletes não proporcionam otimização do manuseio da carga.
c) Estes pallets ou paletes têm uma base sólida, plana e impermeável.

d) Os pallets não permitem o encaixe dos garfos das empilhadeiras.
e) A Paletização consiste no uso de engradados de madeira que servem de suporte para cargas, que ficam atadas a estes.

18 – Sobre as vantagens da conteinerização, assinale a afirmativa correta quanto às proposições verdadeiras e falsas.

I. As vantagens proporcionadas pela desunitização via contêineres são a diminuição de avarias na carga, de perdas e furtos.
II. As vantagens proporcionadas pela unitização via contêineres são a diminuição de avarias na carga, de perdas e furtos.
III. Redução possível nos custos da embalagem, como em situações em que o conteiner é transportado do exportador para o importador.
IV. Redução possível nos custos da rotulagem, como em situações em que o conteiner é transportado do exportador para o importador.
V. Redução possível nos custos da rotulagem, como em situações em que o conteiner é transportado do importador para o exportador.

a) F, F, V, V e V
b) V, V, F, F e V
c) V, V, V, F e V
d) V, V, V, V e F
e) V, F, F, F e V

19 – Sobre a Desunitização de cargas, assinale a opção correta:

a) Desunitizar uma carga consiste exclusivamente em tirá-la de um contêiner.
b) Segundo o artigo 72 do Decreto 2.680/00, "a unitização e a desunitização de cargas serão feitas somente por agentes previamente credenciados pela Secretaria da Receita Federal".

c) Segundo o artigo 720 do Decreto 3.680/00, "a unitização e a desunitização de cargas, quando realizadas em locais e recintos alfandegados, serão feitas somente por agentes previamente credenciados pela ANTT".
d) Segundo o artigo 720 do Decreto 3.680/00, "a unitização e a desunitização de cargas, quando realizadas em locais e recintos alfandegados, serão feitas somente por agentes previamente credenciados pela Secretaria da Receita Federal".
e) O Ministério dos Transportes estabelecerá os requisitos e as condições para este credenciamento da desunitização de cargas.

20 – Assinale a alternativa que NÃO corresponde a uma etapa fundamental do processo de desunitização de cargas:

a) Identificação da unidade de carga.
b) Identificação e assinatura dos operadores de transporte multimodal (OTM) que efetivaram e acompanharam a operação.
c) Identificação dos lacres que foram retirados.
d) Identificação dos novos lacres apostos (isto nem sempre é necessário).
e) Conferência de data e horário do início e do fim do procedimento.

21 – Sobre o transporte intermodal de cargas, assinale a alternativa correta:

a) O transporte intermodal consiste no uso de apenas um meio de transporte, diferentemente do transporte multimodal, em que há emissão de apenas um documento de embarque por um operador, que se responsabiliza como titular por toda a operação.
b) O transporte intermodal consiste no uso de mais de um meio de transporte, com apenas um documento fiscal para todos os modais.
c) O transporte intermodal consiste no uso de mais de um meio de transporte, onde cada modal tem seus próprios documentos fiscais, as-

sim como no transporte multimodal, em que há emissão de apenas um documento de embarque por um operador.

d) O transporte intermodal consiste no uso de mais de um meio de transporte, onde cada modal tem seus próprios documentos fiscais, diferentemente do transporte multimodal, em que há emissão de apenas um documento de embarque por um operador, que se responsabiliza como titular por toda a operação.

e) O transporte intermodal consiste no uso de mais de um meio de transporte, onde cada modal tem seus próprios documentos fiscais, diferentemente do transporte multimodal, em que há emissão de apenas um documento de embarque por um operador, mas que não pode ser responsabilizado como titular por toda a operação.

22 – O que é necessário para tornar-se um OTM?

a) É preciso ter uma habilitação específica e um registro no Ministério dos Transportes. Se um Operador quiser atuar internacionalmente, deverá obter também uma licença da Secretaria da Receita Federal.

b) É preciso ter uma habilitação específica e um registro na ANTT – Agência Nacional de Transportes Terrestres. Se um Operador quiser atuar apenas nacionalmente, deverá obter também uma licença da Secretaria da Receita Federal.

c) É preciso ter uma habilitação específica e um registro na ANTT – Agência Nacional de Transportes Terrestres. Se um Operador quiser atuar internacionalmente, deverá obter também uma licença da Secretaria da Receita Federal.

d) É preciso apenas um registro na ANTT – Agência Nacional de Transportes Terrestres. Se um Operador quiser atuar internacionalmente, deverá obter também uma licença da Secretaria da Receita Federal.

e) É preciso ter somente uma habilitação específica e um registro no Ministério dos Transportes.

23 – Como deve proceder o OTM que quiser se caracterizar como sociedade comercial e como sociedade por ações?

a) No caso da sociedade comercial, será necessário um Contrato Social ou um Ato Constitutivo. Já no caso de uma sociedade por ações, será necessário apresentar o Termo de Posse dos Administradores, o Estatuto Social e o Documento de Eleição.
b) Em ambos os casos, será necessário um Contrato Social ou um Ato Constitutivo.
c) No caso da sociedade comercial, será necessário um Contrato Social ou um Ato Constitutivo. Já no caso de uma sociedade por ações, será necessário apenas apresentar o Termo de Posse dos Administradores.
d) Em ambos os casos, será necessário apenas apresentar o Termo de Posse dos Administradores, o Estatuto Social e o Documento de Eleição.
e) No caso da sociedade comercial, será necessário um Contrato Social ou um Ato Constitutivo. Já no caso de uma sociedade por ações, será necessário apenas apresentar o Estatuto Social.

24 – Quanto à carga geral, assinale a alternativa incorreta:

a) A carga geral divide-se em fracionada, heterogênea ou solta.
b) Essa carga geral também pode consistir em volumes que não podem ser propriamente embalados, como máquinas de grandes dimensões, carros, caminhões, blocos de pedra, etc.
c) Tais embalagens podem ser tambores, caixas e fardos.
d) Tais embalagens também podem se sacos, cartões, engradados e bobinas de papel.
e) As cargas podem ser dispostas em embalagens adequadas a cada tipo de veículo de transporte.

25 – Quanto à carga a granel, assinale a alternativa correta.

a) A carga a granel é heterogênea, não pode ser disposta em embalagens, e pode apresentar-se em forma sólida, líquida ou gasosa.
b) A carga a granel é homogênea, não pode ser disposta em embalagens, e pode apresentar-se em forma sólida, líquida ou gasosa.
c) A carga a granel é homogênea, pode ser disposta em embalagens e apresentar-se em forma sólida, líquida ou gasosa.
d) A carga a granel é homogênea, não pode ser disposta em embalagens, e pode apresentar-se somente em forma sólida.
e) A carga a granel é homogênea, não pode ser disposta em embalagens, e pode apresentar-se em forma sólida ou líquida.

26 – Quanto às cargas de tipo perigosas, marque a alternativa incorreta:

a) Determinadas cargas são transportadas por embarcações especiais, tais como porta-contêineres e Ferry Boat.
b) Estão aqui incluídos produtos corrosivos, inflamáveis, radioativos e abrasivos.
c) Há normas internacionais para sua estivagem, armazenagem e transporte, justamente por seu alto nível de periculosidade.
d) São tidas como perigosas as cargas cuja mercadoria pode ser de algum modo prejudicial à saúde.
e) Se a carga perigosa apresentar um volume pequeno, pode ser disposta em contêineres-tanques ou em contêineres Dry.

27 – A propósito das funções do OTM quanto à logística das operações de transporte, assinale a afirmativa correta.

a) Apenas a entrega da carga é atribuição deste operador.

b) Apenas os serviços de transporte, armazenagem e coleta e estão a cargo deste operador.
c) Apenas os serviços de coleta e transporte estão a cargo deste operador.
d) Estão entre as atribuições deste operador somente a consolidação e a desconsolidação de cargas.
e) Os serviços de entrega da carga, transporte, armazenagem e coleta e estão entre as atribuições deste operador. Temos também outras funções tais como a consolidação, a desconsolidação, bem como a unitização e a desunitização.

28 – Quanto ao conceito de CTMC, assinale a alternativa correta:

a) É o Conhecimento de Transporte Multimodal de Cargas, um documento que expõe o contrato dos transportes de tipo multimodal e regula suas operações logísticas apenas na entrega das cargas.
b) É o Conhecimento de Transporte Multimodal de Cargas, um conjunto mínimo de conceitos sobre os transportes de tipo multimodal e suas operações logísticas.
c) É uma etapa do Transporte Multimodal, em que se toma conhecimento do teor das cargas transportadas.
d) É o Conhecimento de Transporte Multimodal de Cargas, um documento que expõe o contrato dos transportes de tipo multimodal e regula suas operações logísticas, desde o recebimento da carga até a sua entrega.
e) É o Conhecimento de Transporte Multimodal de Cargas, um documento que expõe o contrato dos transportes de tipo multimodal e regula suas operações logísticas apenas no recebimento das cargas.

29 – Sobre a responsabilidade do OTM perante o contratante, assinale a afirmativa incorreta:

a) O contratante do Operador é responsável por danos que ocorram às cargas durante o recebimento desta.
b) O Operador assume ante o contratante a execução do contrato.
c) O Operador é responsável pelos possíveis prejuízos da operação, como danos ou avarias às cargas.
d) O Operador deve se responsabilizar por problemas de atraso em sua entrega, quando houver prazo rigidamente acordado.

30 – Sobre a atual situação da navegação de cabotagem no Brasil, assinale a opção correta:

a) Nos 15 últimos anos houve algum progresso neste sentido, mas não no que se refere ao transporte de cargas conteinerizadas.
b) Bem como em vários outros países, a cabotagem no Brasil é um mercado livre de barreiras regulatórias.
c) Nos 15 últimos anos houve algum progresso neste sentido, inclusive no transporte de cargas conteinerizadas carregando commodities.
d) Nos 15 últimos anos houve algum progresso neste sentido, inclusive no transporte de cargas conteinerizadas de produtos com valor agregado, mesmo que sejam ainda em número reduzido as empresas operadoras que utilizam este tipo de navegação.
e) Não obstante haver certas limitações de cobertura, em 2012, por exemplo, a cabotagem brasileira já oferecia quarenta saídas por semana, o que pode ser considerado como um valioso avanço importantíssimo para as operações logísticas nacionais.

31 – Acerca da evolução do transporte intermodal no Brasil, assinale a opção correta.

a) Depende de ações no campo da infraestrutura, que por sua vez demanda exclusivamente investimentos privados.

b) Depende de ações no campo da infraestrutura, que por sua vez demanda exclusivamente investimentos públicos.
c) No ano de 2016 o governo federal, no segundo mandato de Fernando Henrique Cardoso, por meio do Programa Brasil em Ação deu início a projetos para o desenvolvimento de sistemas alternativos de transporte, com mais de um modal.
d) Depende de ações no campo da infraestrutura, que por sua vez demanda investimentos, tanto privados quanto públicos.
e) No ano de 2000 o governo estadual paulista, no segundo mandato de Fernando Henrique Cardoso, por meio do Programa Brasil em Ação deu início a projetos para o desenvolvimento de sistemas alternativos de transporte, com mais de um modal.

32 – Quanto aos conceitos de mercadoria e carga, é possível afirmar que:

a) A mercadoria consiste num produto que ainda não foi comercializado. Já a carga pode ser definida como uma mercadoria que, sendo transportada, envolve o pagamento de um frete, relativo ao serviço de transporte.
b) A mercadoria consiste num produto que é comercializado. Já a carga pode ser definida como uma mercadoria que, sendo transportada, prescinde do pagamento de um frete, relativo ao serviço de transporte.
c) A mercadoria consiste num produto que é comercializado. Já a carga pode ser definida como uma mercadoria que, sendo transportada, envolve o pagamento de um frete, relativo ao serviço de transporte.
d) A mercadoria consiste num produto que é comercializado. Já a carga pode ser definida como uma mercadoria que, sendo transportada, envolve o pagamento da taxa de unitização das cargas.
e) A mercadoria consiste num produto que é comercializado. Já a carga pode ser definida como uma mercadoria que, sendo transportada, envolve o pagamento de um frete, relativo ao serviço de desunitização das cargas.

33 – Quais são as vantagens da unitização?

a) A unitização torna mais complexa a logística das operações de transporte, mas apenas quanto ao ponto de origem da carga.
b) A unitização torna mais complexa a logística das operações de transporte, da origem ao destino.
c) A unitização simplifica a logística das operações de transporte, mas apenas a partir do ponto de origem da carga.
d) A unitização simplifica a logística das operações de transporte, da origem ao destino.
e) A unitização simplifica a logística das operações de transporte, mas apenas quanto ao ponto de destino da carga.

34 – Quanto às precauções que se deve tomar para a unitização de cargas, assinale a alternativa correta quanto às proposições verdadeiras ou falsas:

I. É preciso conhecer os métodos de acondicionamento de carga usados na exportação de produtos por navegação marítima.
II. É preciso conhecer os métodos de acondicionamento de carga usados na exportação de produtos pelo modal aeroviário.
III. É preciso conhecer os métodos de acondicionamento de carga usados na importação de produtos por navegação marítima.
IV. É preciso examinar as adequações físicas da carga com as embalagens usadas no transporte.
V. É necessário verificar os equipamentos utilizados no manuseio da carga.

a) V, F, F, V e V
b) F, V, V, V e F
c) F, V, V, F e V
d) V, V, V, F e F
e) V, V, F, V e V

35 – Quanto às tecnologias aplicadas ao intermodal para seu melhor desempenho, marque a alternativa incorreta:

a) Para que a intermodalidade seja aperfeiçoada, a tecnologia car less deve ser introduzida no sistema.
b) Esta tecnologia não faz uso do vagão convencional de trens, pois uma carreta acopla-se a um vagam ferroviário adaptado, o truck ferroviário, e pode-se até criar um trem específico, mesclando outras variedades de vagões.
c) Temos também as operações intermodais com roadrailer, que associam os modais rodoviário e hidroviário.
d) Temos ainda uma variação, que é o trailer on flatcar (TOFC), também conhecido como piggyback, que funciona em se colocando uma carreta de semirreboque sobre um vagão-plataforma, e visa reduzir custos e economizar tempo de transbordo da carga nos modais.
e) Outra tecnologia que incrementa a intermodalidade é o COFC – Container on flatcar, em que parte de um trajeto é feita por uma carreta ou contêiner posto sobre um vagão plataforma (doublestack), e a outra parte é composta por um cavalo mecânico ou por um caminhão no restante do trajeto.

36 – Sobre a navegação de cabotagem, marque a opção correta:

a) Trata-se de um tipo de navegação que se faz pelo mar, ligando os portos de um mesmo país. Mas um trajeto que ligue o porto de Itajaí/SC, por exemplo, ao Porto de Manaus também é considerado como cabotagem, mesmo que o percurso abranja um lago ou um rio.
b) É um tipo de navegação que se faz exclusivamente por rios até os portos litorâneos.
c) Trata-se de um tipo de navegação que se faz exclusivamente pelo mar.
d) Trata-se de um tipo de navegação que se faz entre rios e lagos.

e) Trata-se de um tipo de navegação que se faz pelo mar, ligando os portos de um mesmo país. Mas um trajeto que ligue o porto de Itajaí/SC, por exemplo, ao Porto de Manaus também é considerado como cabotagem, a não ser que o percurso abranja um lago, ainda o classificamos como sendo navegação de cabotagem.

37 – Entre as vantagens e as desvantagens da paletização, assinale a afirmativa correta quanto às proposições verdadeiras e falsas.

I. No caso dos pallets, é possível elencar algumas vantagens, como a redução de perdas, roubos e avarias à carga.
II. Os paletes diminuem também a rotulagem e marcação dos embarques, não sendo preciso efetuar as operações para cada item da carga.
III. Os paletes implicam haver espaços desocupados no interior da unidade de carga.
IV. Também é necessário investir na compra destes engradados, em peças de fixação dos produtos na plataforma e na equipagem destinada a movimentar os recipientes.

a) F, F, F e F
b) F, F, F e V
c) V, V, V e V
d) V, V, F e F
e) F, V, F e V

38 – Quanto ao conceito de conteinerização, assinale a alternativa correta:

a) É o processo em que se dispõem as cargas num receptáculo chamado contêiner.
b) É o processo em que se dispõem as cargas num veículo chamado contêiner.

c) O processo oferece mais facilidade e segurança no manuseio, mas torna mais complexo o transporte das cargas.
d) O processo oferece mais facilidade e segurança no manuseio e no transporte das cargas.
e) Tendo a forma de um baú, o contêiner é a forma de unitização mais utilizada no transporte internacional.

39 – Quanto à função do transporte intermodal, marque a opção correta:

a) Integrar os canais de distribuição, tornando menor o tempo da operação de transporte.
b) Tornar independentes os canais de distribuição, tornando menor o custo básico se comparado à soma dos custos de cada modal envolvido na operação.
c) Tornar independentes os canais de distribuição, tornando menor o tempo da operação de transporte, mesmo que com um sensível aumento de custos.
d) Tornar independentes os canais de distribuição, tornando menor o tempo da operação de transporte.
e) Integrar os canais de distribuição, tornando menor o custo básico se comparado à soma dos custos de cada modal envolvido na operação.

Gabarito:

01 - A
02 - D
03 - C
04 - D
05 - A
06 - C
07 - B
08 - C
09 - E
10 - C
11 - A
12 - A
13 - A
14 - A
15 - B
16 - C
17 - E
18 - E
19 - D
20 - B
21 - D
22 - C
23 - A
24 - E
25 - B
26 - A
27 - E
28 - D
29 - A
30 - D
31 - D
32 - C
33 - D
34 - A
35 - C
36 - A
37 - C
38 - A
39 - E

PLANEJAMENTO INTEGRADO:

Intermodalidade, hidro, rodo e ferroviária

1. Planejamento integrado

A logística consiste em um processo capaz de encontrar a melhor forma de atender, com os menores custos possíveis, às demandas dos produtores e aos anseios dos clientes. Um processo fundamentalmente logístico, o transporte, pode responder por uma parcela significativa do preço final de um determinado produto, no caso de produtos primários, como a cana-de-açúcar, essa parcela pode chegar a 30%, segundo estudo, de 2016, da Embrapa. Em caso de mal planejamento ou desempenho no transporte de um dado produto, esse percentual tende a ser ainda mais alto.

Durante a década de 1990, o conceito de intermodalidade era fortemente associado ao uso dos contêineres – o que faz sentido, se considerarmos que tal mecanismo de unitização é um dos mais utilizados em sistemas intermodais. Outras conceituações tomam a intermodalidade como sinônimo de multimodalidade, pois requerem a mesma preocupação em coordenar a logística das operações de modo que sigam dois principais objetivos: a preservação integridade física da mercadoria, protegida de danos, furtos e avarias, e a entrega de acordo com os prazos estipulados nos contratos. No caso brasileiro, existem diferenças formais entre intermodalidade e multimodalidade em âmbito legal, o que veremos em capítulo específico à parte.

O planejamento integrado do transporte de cargas envolve toda as etapas envolvidas na disponibilização de um produto, desde sua produção até a chegada ao consumidor final, sendo de suma importância para garantir tanto a velocidade na entrega quanto a segurança do produto.

A estocagem adequada de um produto pode ficar sob a responsabilidade de órgãos públicos e/ou cooperativas, como no caso dos produtos agrícolas, notadamente os cereais, ou de seu produtor, como acontece na maior parte da indústria de manufaturados. Há, ainda, produtos que são armazenados a céu aberto, como automóveis, tijolos, entre outros.

Levando em consideração os locais de produção das mercadorias, bem como os principais centros de consumo ou escoamento e exportação, governos planejam as melhores formas de investir em obras de engenharia para desenvolvimento dos sistemas de transporte. É preciso também, a elaboração de uma legislação que regulamente, tribute e dê segurança jurídica para os envolvidos na cadeia produtiva.

Países desenvolvidos, com uma história industrial mais densa, uma organização política mais consolidada e uma infraestrutura melhor planejada, usufruem de uma maior facilidade na implementação de sistemas intermodais. Isso possibilita que o mercado interno seja melhor alimentado, diminuindo sua dependência de produtos importados, melhorando sua competitividade no cenário internacional e fortalecendo sua balança comercial, o que, então, aumenta suas reservas cambiais e incrementa seu tesouro, sua capacidade de investimento e sua condição de sustentar a seguridade social de sua população.

Destarte, não se trata de uma questão menor, de uma alternativa dispensável, senão de uma estrutura cuja solidez é determinante para o bem-estar de cada um dos cidadãos individualmente e para a nação como um todo.

2. Intermodalidade nos EUA, na Europa e no Brasil

2.1 Nos EUA e na Europa

Embora o Department of Transportation (DOT) exista desde 1967, os estadunidenses se consagraram pioneiros da prática formal da intermodalidade no mundo, de fato, em 1991, através da Lei da Eficiência do Transporte Intermodal de Superfície (Intermodal Surface Transportation Efficiency Act – ISTEA). Tal lei atualizava o setor dos transportes adequando-o ao desenvolvimento da economia estadunidense, e consequentemente, mundial.

Inicialmente, a lei regia uma espécie de intramodal, em que não havia uma preocupação maior com a coordenação entre os modais e cada meio de transporte contava com sua própria regulamentação. Isso provocou o uma competição entre as comissões de regulamentação que visavam obter vantagens exclusivas nas operações. Para conter esse movimento, foram necessárias leis federais que regulamentassem os modais de forma conjunta.

Com o desembarque dos primeiros contêineres norte-americanos, as companhias ferroviárias inglesas ficaram interessadas, e adotaram operações intermodais. Uma empresa privada foi criada para gerenciar as operações nas ferrovias, organizando os serviços e a grade das linhas, enquanto cada empresa, separadamente, ficava responsável por suas propriedades materiais. Assim a intermodalidade chegou à Europa.

A forte competitividade entre trens e caminhões, na Europa, foi fonte de obstáculos para a implementação de sistemas multimodais. Conforme a preferência pelo modal rodoviário cresce no continente, tendendo ao exclusivismo, há uma crescente nos congestionamentos nas estradas, com fluxo de veículos que aumenta desde a criação do Euro e da União Europeia.

A malha ferroviária, no continente, é extremamente moderna e avançada tecnicamente, contudo, por conta de algumas diferenças técnicas entre nações, existem alguns problemas para a continuidade fluida de trajetos.

Por sua vez, malha hidroviária europeia, possui baixos valores de fretes e uma grande quantidade de investimentos. Conectando seus sistemas, através de estruturas intermodais, alcançaram bom aproveitamento na realização de serviços de tipo porta-a-porta.

2.2 A intermodalidade no Brasil de uma perspectiva legal

No Brasil, a lei de n° 6.288/75, que se regulamentava operações intermodais, foi revogada e, em seu lugar, criou-se a lei de nº 9.611/98 que trata do transporte multimodal. Sendo assim, o critério que diferencia essas operações integradoras de transporte, intermodal e multimodal, é jurídico, pois a principal diferença se deu na documentação dessas operações. A própria ANTT – Agência Nacional de Transportes Terrestres afirma que o termo "intermodal" não tem mais base legal.

Segundo a lei de 1975, o transporte intermodal estava restrito a empresas habilitadas para operar em um dos quatro principais modais de transporte. Mas isto provavelmente se dava porque as operações estavam vinculadas ao uso de unidades de carga específicas.

De acordo com o decreto 8.014, de 1977, somente as transportadoras aptas aos modais aeroviário e hidroviário tinham direito à declaração dos conhecimentos intermodais, além disso, a intermodalidade deveria ser apenas aplicada em operações integrantes do comércio exterior, ou seja, exportações e importações. Isso dificultou o desenvolvimento do transporte intermodal em nosso país e beneficiou empresas de transporte transoceânico, das quais várias eram estrangeiras, usando os contêineres no trajeto porto a porto.

Também em 1977, a Comissão Coordenadora do Desenvolvimento e Implantação do Transporte Intermodal – a CIDETI foi criada pelo Governo Federal. Tratava-se de um órgão cuja função era possibilitar o transporte intermodal no Brasil, alimentando os debates entre os operadores de transporte, ouvindo suas demandas.

Já em 1998, a nova lei que trata do Transporte Multimodal de Cargas no Brasil foi promulgada. Ao definir as características e os papéis legais do transporte multimodal e de seus operadores, acaba por reger também o transporte intermodal.

Embora o país apresente características favoráveis à utilização do transporte intermodal, tais como o montante dos fluxos de carga e as distâncias continentais de seus trajetos, sua adoção ainda é um processo primário e pouco disseminado, por conta dos empecilhos ao uso dos recursos da intermodalidade. Acontece no Brasil o mesmo que acontece na Europa, com a adoção dos modais ferroviários e hidroviários restrita ao transporte de granéis, por conta preferência histórica do país pelo modal rodoviário. A origem da intermodalidade no Brasil, bem como na Europa, aconteceu na esteira, e até como consequência, da criação dos contêineres, que propiciaram ampla otimização nas condições de transferência de carga.

3. Tecnologias aplicadas à associação entre os modais

A evolução dos sistemas intermodais de frete traz um importante desenvolvimento em termos de competitividade, principalmente nos casos em que contêineres de transporte marítimo e reboques de caminhões rodoviários estão ligados a trens. Dessa forma, tal aprimoramento tecnológico se dá em associações rodoferroviárias e hidroferroviárias.

Essas operações tiveram substancial crescimento na atividade do frete ferroviário na Europa e na América do Norte, a partir da metade do século XX. Atualmente, nas mais extensas estradas de ferro dos EUA, cargas do tráfego intermodal só ficam atrás dos carregamentos de minério em número de viagens. No sistema intermodal, a economia da ferrovia alia-se ao desempenho e versatilidade do modal rodoviário nas coletas e entregas de menor distância.

O transporte intermodal deve operar de modo completamente integrado, levando em conta as estratégias para a distribuição e as demandas do consumidor, tendo em vista, ao mesmo tempo, a satisfação dos clientes e a diminuição dos custos. Este método de trabalho faz com que uma parte do resultado financeiro possa ser investida na pesquisa tecnológica, que propicia redução de custo a médio e longo prazo. A outra parte dos recursos pode proporcionar uma diminuição no valor do produto para o consumidor.

Como exemplos de tecnologias de aperfeiçoamento da intermodalidade temos:

- ***Car Less:*** esse modelo não utiliza vagões convencionais de trens. Uma carreta acopla-se a um vagão ferroviário adaptado – o *truck* ferroviário. Em alguns casos, é possível que se crie um trem específico, mesclando outras variedades de vagões. Esta tecnologia está intimamente relacionada à otimização operacional das estradas de ferro e à posição das empresas agentes na busca por uma solução integrada.

- ***Container on flatcar*** **(COFC):** trata-se de um transporte em que uma parte é realizada por uma carreta ou contêiner sobre um vagão-plataforma (*doublestack*) e outra por um cavalo mecânico ou caminhão.

- ***Trailer on flatcar*** **(TOFC) ou *piggyback*:** uma variação do COFC. Nesta operação, coloca-se uma carreta de semirreboque sobre um vagão-plataforma, a fim de reduzir custos, dispensando o uso de equipamentos de movimentação de cargas em portos e terminais, e economizar tempo de transbordo nos modais.

- ***Roadrailer:*** sistema que associa os modais rodoviário e ferroviário. Possui um chassi que se movimenta sobre pneus ou rodas de vagões de trens. Trata-se de um suporte que diminui o custo relativo ao transporte rodoviário pela metade, visto que dispensa o uso de vários equipamentos para manuseio de materiais.

- ***Bogey:*** trata-se de um equipamento muito flexível, um chassi ligado a um outro veículo, servindo como subconjunto modular de eixos e rodas que pode assumir diversas formas nos vários modais de transporte. Consegue permanecer ligado, como a vagões ferroviários e semirreboques, ou se destacar com grande facilidade, ou pode ser montado sobre uma carruagem ou locomotiva ferroviária, adicionalmente podendo estar articulados ou salteados, como nos trens de pouso de um avião de passageiros.

- ***Single Stack:*** vagão utilizado na maior parte do transporte ferroviário de contêineres, permitem o carregamento de até dois TEU (*Twenty Foot Equivalent Unit*), a Unidade Equivalente de Transporte, que possui um tamanho padrão de contêiner, com 20 pés.

- ***Double Stack:*** vagão que comporta até 4 TEU, podendo empilhar até dois contêineres de altura, lado a lado. Seu uso foi fundamental para o aprimoramento dos sistemas intermodais na América do Norte, onde representa 80% dos vagões usados, uma vez que aumenta o volume que pode ser transportado em cada percurso. O *Double Stack* ainda não é usado no Brasil. Em nosso país, a saída logística consiste em dispor a segunda camada de contêineres em cima do vagão porta-contêiner. Isso porque nossas pontes, linhas aéreas e túneis são muito baixos.

4. Planejamento no Brasil

Em média 30% do custo do produto são relativos aos gastos e perdas com transporte, um valor assustador. Para otimizar o investimento, operadores e produtores (exportadores) precisam conseguir mensurar e perceber as melhores opções para o transporte das cargas até os destinos. Trata-se de um planejamento de transporte que visa determinar a infraestrutura adequada para garantir a livre circulação de pessoas e mercadorias entre pontos de um dado espaço geográfico.

Dessa forma, o planejamento organiza a estrutura de transporte alinhada à regulamentação pública, aos serviços que são oferecidos e às tecnologias a serem empregadas, sempre de acordo com padrões de eficácia e equilíbrio entre demanda e oferta. Isso é fundamental para o crescimento da competitividade e a diminuição dos custos. Para isso, é necessário investimento em infraestrutura, seja na implantação ou em sua ampliação.

No Brasil, o planejamento logístico de transportes teve períodos diversos de desenvolvimento, de acordo com as circunstâncias econômicas e políticas. Como exemplo de ação visando promover a intermodalidade, temos o PNLT (Plano Nacional de Logística e Transportes), de 2007, que ainda recebeu duas revisões do Ministério dos Transportes, em 2009 e 2011.

Outro exemplo é o PAC – Programa de Aceleração do Crescimento, lançado pelo Governo Federal em 2007 que visava retomar o planejamento e a execução de obras de infraestrutura, levando em consideração fatores sociais, logísticos e energéticos do país, para o seu desenvolvimento acelerado e sustentável. Tal plano objetivava espalhar o modal ferroviário e proporcionar melhor ligação das áreas de agricultura e mineração com as indústrias, os portos e o mercado consumidor. Para tanto, o governo buscou a flexibilização do modelo de regulamentação, para estimular a competitividade no transporte de cargas, incentivar o melhor uso da infraestrutura ferroviária e de sua integração, para, com isso, atrair investimentos.

3.457 quilômetros de novas ferrovias foram construídos desde a implantação do PAC, com destaque para a implantação dos 682 quilômetros da Extensão Sul da Ferrovia Norte Sul (FNS), e os 1.022 quilômetros para a Ferrovia de Integração Oeste Leste (FIOL).

Todavia, os esforços acabaram se detendo quase que exclusivamente às obras e não na importantíssima ativação sistêmica das linhas. Faltaram coisas como a construção de centros de distribuição, meras colocações de placas e algumas pequenas obras de complemento, que representariam um valor pequeno em se tratando em investimentos do tipo. Atualmente, embora construídas com o dinheiro público, estão condenadas à concessão à iniciativa privada, porque não entraram em atividade à época.

Tivemos ainda o PGO – Plano Geral de Outorgas do Setor Portuário, o PIL – Programa de Investimento em Logística e o Plano Nacional de Logística Integrada, lançados respectivamente em 2009, 2012 e 2015 pelo Ministério dos Transportes. Existiram, ainda, planos realizados por governos estaduais, tais como o RumoS (do RS), e alguns no Rio de Janeiro, no Espírito Santo, em Minas Gerais e no Pará.

Analisando estes planos, pode-se afirmar que o PNLT retomou o planejamento setorial de transportes, já que apresentou a percepção de que se trata de um processo participativo e dinâmico. Com efeito, os projetos incluídos em tal plano visaram não apenas potencializar os custos do transporte, mas também viabilizar a integração intermodal.

Porém, não só o investimento na infraestrutura dos modais de transporte para um bom planejamento, como nas suas sinalizações e vias, mas também na elaboração das integrações logísticas. Isto é essencial para a implantação do transporte intermodal, no aproveitamento dos potenciais de cada modal. Tanto o PNLT, em suas três versões como o PAC e o PGO previram investir nos terminais de transbordos e nas plataformas logísticas.

5. Terminais intermodais

Estrategicamente, um dos elementos mais significativos da logística de uma empresa é a sua localização. Nesse espectro, quanto mais próximos estiverem de terminais intermodais, maior agilidade obterão na entrega dentro do prazo previsto e mais economizarão com os valores de transportes, aumentando sua competitividade e sua capacidade de inserção no mercado.

Do ponto de vista conceitual, os terminais intermodais são estruturas, espacialmente delimitadas e destinadas ao transporte, à logística e à distribuição de mercadorias, importadas ou nacionais, que passam por um processo de consolidação e desconsolidação.

Para isso, são utilizados equipamentos, mecanismos e técnicas variadas na realização das trocas de cargas, podendo conectar o fornecedor até o cliente final. Estes terminais fortalecem a cadeia de suprimento por meio de prestação de serviços revertidos em valor agregado na rede de transporte e de telecomunicações. Isto também pode se dar por meio de serviços particulares às pessoas (clientes, usuários e trabalhadores), aos equipamentos, aos veículos e à mercadoria.

Hodiernamente, procura-se distinguir os encargos da operação na plataforma logística e criar categorias que sequencialmente apresentem as oportunidades de agregação de valor. Assim, cada tipo de terminal é vista como um conjunto de valores agregados passíveis de serem executados, possibilitando que os terminais sejam transformados em plataformas logísticas.

Dessa forma, temos o terminal de recebimento/despacho da mercadoria, retirada e despachada seja pelo cliente, seja pelo carregador. Há também o terminal de transbordo de carga – mudança de veículo, quando pertencente ao mesmo modal.

Quanto aos terminais intermodais, que envolvem a mudança do meio de transporte, sem que haja partição da carga, temos o de Nível 1, que promove tanto a movimentação e manutenção das mercadorias no terminal quanto o seu transporte. Já terminal de Nível 2 propicia serviços de gestão, de transporte e movimentação da carga no terminal. Encontram-se, ainda, terminais intermodais que ofertam transporte, manutenção e movimentação das cargas, incluindo ainda os serviços de acabamento de produção e de gestão, estes são o de Nível 3. Os terminais de nível 4 oferecem todos os serviços dos de Nível 3, mas contam também com serviços de informação, o que o torna muito proveitoso aos clientes e exportadores em termos estratégicos.

Os terminais de transporte intermodal visam trabalhar da forma mais produtiva possível, utilizando maiormente a padronização no uso de equipamentos e métodos. Nesse caso, os terminais assumem relevantes características especiais em relação à atividade portuária. A adequação dos portos às exigências de mudanças tecnológicas provenientes da preponderância do uso dos contêineres, de mais rapidez e diminuição de custos acarretou a transformação dos portos em pontos cruciais do transporte intermodal. Dentre as novas demandas, estão a introdução de rotas comerciais aquaviárias e a construção de terminais próprios para carga e descarga.

No Brasil, neste sentido, foram construídos importantes terminais portuários como o de Sepetiba, no Rio de Janeiro, o de Suape, em Pernambuco e o Terminal Portuário de Pecém, no Ceará. Mesmo de construção recente, esse último já recebeu obras de expansão, como a ampliação de seu TMUT – Terminal de Múltiplas Utilidades, a instalação de uma ponte, e a pavimentação do quebra-mar em seu tramo norte-sul.

6. Plataformas logísticas

Uma Plataforma Logística é uma instalação onde se concentram estruturas e soluções para a logística de um produto específico, em busca de um melhor desempenho. Plataforma logística também pode figurar como um conceito econômico, sendo um centro de logística em que se opera agregando valor a um produto. Essa plataforma deve estar de acordo com a necessidade característica de cada região e de seu principal setor econômico, seja um ponto distribuição de cargas de produtos do campo, ou mesmo para escoamento da produção industrial.

Esse conceito surgiu na França, nos anos de 1960, com o objetivo de diminuir o fluxo de materiais que era desordenadamente distribuído pelos terminais na periferia dos grandes centros urbanos. Dessa forma, essas plataformas seriam responsáveis por primeiro centralizar e depois aprimorar a distribuição das cargas, com consequente redução de custos e respondendo às demandas da economia contemporânea, que necessita de mais ágeis adaptações e reações.

Em termo estruturais, as plataformas se configuram como um complexo sistêmico de instalações de transporte e equipamentos. Possuem, armazéns, oficinas, equipamentos, centros de distribuição, locais de abastecimento, fretamento, alimentação, acomodação, assessoria e zonas alfandegadas.

Em tais plataformas são executadas inúmeras funções diretamente relacionadas ao transporte, seja nacional ou internacional. Nelas operam as indústrias e os distribuidores, contando com atividades complementares, que são postos à disposição de usuários diversos, tais como distribuidores, armazenadores, empresas de transporte, indústrias e operadores. São nestes centros, enfim, que acontece a consolidação, o transbordo e a transferência modal de mercadorias, que podem ser sujeitas a transformações e processos de acabamento, ou mesmo ser armazenadas.

Tais plataformas devem geralmente considerar a superfície do local, a oferta imobiliária, a possibilidade de desenvolvimento de um mercado, a sustentabilidade e a organização da planta arquitetônica, para sua construção

Podem-se relacionar as transações dos grandes volumes de carga, através dessas plataformas, o que gera acordos mais profícuos tanto para o prestador de serviços, quanto para operadores e clientes. Outras vantagens são a disponibilidade de uso das áreas específicas para o estoque e a expansão da cadeia de distribuição, que estão diretamente relacionadas à utilização das plataformas no transporte multimodal/intermodal. Em termos financeiros isso expressa redução dos custos; a exploração potencial de alternativas quanto às terceiras partes envolvidas; a praticidade da infraestrutura de apoio; geração de empregos no entorno plataforma e equilíbrio na matriz de transportes, entendida como conjunto harmônico de todos os modais operados num país.

Entre os riscos financeiros das plataformas vale citar seus altíssimos custos operacionais, manifesto na reposição demandada por possíveis danos a bens, no preço do fornecimento de energia, na continuamente necessária manutenção das máquinas, e, especialmente, as flutuações de demanda, principalmente em momentos de crise financeira mundial.

Determinados fatores podem ocasionar as vantagens do intermodal sobre o unimodal, como, por exemplo, a geografia relevo acidentado no percurso dos caminhões, o que reduz sua velocidade média, ou a topologia suntuosa de nosso litoral, com estradas de rodagem que não possuem grandes retas, o que não seria obstáculo para malha hidroviária, tornando maior a distância unimodal em relação ao total das distâncias dos trechos intermodais.

7. Plataformas logísticas no Brasil

A implementação das plataformas logísticas no Brasil está em seus estágios iniciais e parte majoritariamente da iniciativa privada que, graças a um reconhecimento prévio de sua eficácia no transporte integrado.

Mas existem plataformas logísticas construídas a partir de investimento estatal, como a Plataforma Logística Multimodal do Estado de Goiás, em Anápolis, principal polo industrial da Região Centro-Oeste. Nesse caso, os principais aspectos levados em conta na adoção da plataforma logística foram a geografia, em posição central e com acessos para todas as outras regiões do país, a sua característica econômica e o incentivo das empresas para a utilização destas plataformas.

Na medida em que plataformas logísticas são capazes de apoiar diversos modais de movimentação de carga aliado à prestação de serviços, o que propicia a agregação de valor, o seu amplo estabelecimento no Brasil deve ser estimado. Outras questões que podem ser levados em conta são que estas plataformas combina as estruturas responsáveis pelo cumprimento das metas de integração e eficiência logística, além de acirrar a concorrência. Assim dendo, tais plataformas são peças fundamentais para o planejamento estatal do setor.

Os governos brasileiros têm buscado implementar o planejamento integrado, o que se pode constatar nos programas e planos, tanto em nível estadual quanto federal. Embora estes planos enfatizem as demandas estruturais para melhorias em logística, tais projetos ainda não estão totalmente concluídos.

Em grande parte dos projetos de plataformas intermodais percebe-se a estipulação de uma integração entre, no mínimo, três modais de transporte. Alguns deles preveem a instalação de EADI (Estação Aduaneira Interior), o que tornará mais orgânico o escoamento de mercadorias para exportação. O EADI é um terminal de alfândega localizado num porto seco e de uso público, que presta serviços de movimentação de contêineres e mercadorias para exportação e importação.

Para finalizar, vale apontar que a implementação de novas plataformas intermodais possibilitará aos locais onde elas forem construídas se tornarem polos importantes em sua determinada região, principalmente quanto às mercadorias produzidas em seu ramo de funcionamento, garantindo uma potencialização na utilização da malha e diminuição dos custos, beneficiando a cadeia produtiva como um todo.

8. Custos no transporte intermodal

Os principais produtos transportados na intermodalidade são os de baixo valor agregado, como grãos e cimento, conhecidos como *commodities*. Como uma parte substancial de seu valor é formada pelos custos de transporte do produtor, esses produtos dependem muito de sistema de transporte eficaz. A parcela mais significativa das despesas logísticas de uma empresa é direcionada custo com transportes, variando entre 4% e 25% do faturamento bruto e em mais de 30% do custo direto do produto. Em casos extremos, o custo do transporte suplanta o lucro operacional.

Destarte, no Brasil a intermodalidade representaria grande chance de aumento de competitividade para empresas, visto que a cada dia procura-se a redução nas despesas logísticas e maior fiabilidade no serviço prestado.

Os processos de privatização praticados pelos governos de Fernando Henrique Cardoso, embora visassem o contrário, acabaram por acarretar um grande atraso para setor de transportes de maneira geral, especialmente no aspecto de servir ao grosso da população e ao interesse nacional-desenvolvimentista. As concessões foram dos trilhos, mas os concessionários tornaram-se como que proprietários das ferrovias, impedindo o direito de passagem e desativando cada trecho que não dava lucro.

Por exemplo, no caso dos ônibus urbanos, por exemplo. Há linhas que dão prejuízo, mas alimentá-las é condição para se ter direito ao aproveitamento das linhas lucrativas. No caso das rodovias pedagiadas, o pedágio é positivo, porque assim o trecho é mantido pelos usuários, caso contrário, ela seria mantida pela população, o que incluiria aquela parcela que não usufrui desses trechos.

O mais fundamental, porém, é que na estrada pedagiada quem não paga não pode passar, mas pagando quem quiser poderá passar, sem qualquer tipo de questionamento. Já nos trilhos concedidos pelos governos privatistas ninguém, exceto o concessionário, pode passar.

O transporte intermodal de produtos de maior valor agregado ainda está em estágios iniciais no país. Por exemplo, o custo da intermodalidade, quando comparado ao transporte feito todo por rodovias, é entre cinquenta e sessenta por cento mais caro. Enquanto o transporte intermodal apresentar riscos financeiros ou competitivos a uma empresa, não será amplamente adotado e o país seguirá dependente do modal rodoviário, o mais agressivo ao meio ambiente.

Portanto, a sustentabilidade logística deve ser motivada por investimentos, seja na forma de infraestrutura, seja na forma de isenções fiscais que estimulem os modais sustentáveis em face do domínio do modal rodoviário. Talvez não seja do interesse nem do Estado brasileiro e nem da iniciativa privada tal gesto radical, já que tocaria na sensível questão do uso de combustíveis fosseis.

O da intermodalidade em combinação com a cabotagem é tão mais alto que o do modal rodoviário por conta de questões como a cobrança pela espera para atracação, que repassa para o contratante as diárias de *detention* do navio que se dá quando o destinatário retira o contêiner do terminal ou depósito, depois do prazo estipulado para a alocação. Logo, a *detention* é cobrada quando são retirados os contêineres de importação, mas ele ainda se encontra em posse do destinatário e foi devolvido fora do prazo estipulado. Além disso, o custo operacional dos portos é muito elevado. Os armadores repassam também os altos custos de *bunker*, o valor do ICMS sobre o mesmo a incidência e ainda as despesas com a tripulação. Isso tudo dificulta muito a adoção da intermodalidade com cabotagem para as cargas de alto valor agregado, como as cargas de projeto.

9. Impactos do transporte intermodal

O péssimo estado de conservação de rodovias e quase inexistência de outro modal acessível são os principais fatores que contribuem para o mau desempenho no escoamento de nossa produção.

No Brasil, todos os membros da cadeia produtiva acabam reféns do sistema rodoviário. Com isso, a indústria em seus ramos que embasam transporte rodoviário ganha força econômica e política, desde o produtor e exportador de petróleo quanto o construtor de caminhões, todos, de ponta a ponta, intimamente envolvidos na cadeia do petróleo. Apenas esses ramos industriais consideram esse cenário como positivo.

As quilométricas filas de caminhões, esperando para entrar nos terminais portuários e escoar a produção poderiam ser agilizadas se se tratassem de trens. Para isso, porém, seria fundamental a utilização de outros modais que permitissem o acesso às demais regiões do país, já que o modal ferroviário brasileiro se encontra concentrado nas regiões Sudeste e Sul. Os modais hidroviário e o rodoviário poderiam servir como esses modais integradores.

Determinante é que o transporte não necessitaria estar limitado a um único modal, já que cada um deles têm vantagens particulares, sendo uns mais apropriados para certos trechos e circunstâncias do que outros. Toda a construção da infraestrutura em logística, porém, gera alterações nos contextos em que é inserida, exercendo influências locais ou regionais, com inevitáveis impactos ambientais, sociais e econômicos.

Os impactos da intermodalidade, sejam negativos ou positivos, dependem de inúmeras variáveis que resultam da combinação dos modais com as circunstâncias mais específicas de cada prática. Mesmo que apresente, também, riscos próprios, o transporte intermodal tende a diminuir os custos com os transportes e as emissões de gases poluentes, com impacto positivo sobre a qualidade dos serviços transportes.

Porém, em algumas situações, a infraestrutura intermodal pode acarretar a realocação de parte das indústrias de uma determinada cidade – e com isso, por vezes, também parte de sua produção ou de seus serviços – nos municípios onde novos terminais intermodais foram instalados. Ou seja, uma empresa de transporte pode diminuir suas atividades nos seus terminais de origem, atuando majoritariamente em outros municípios. O efeito economicamente negativo desse movimento é a menor arrecadação de impostos, induzindo assim a adotar outra estratégia para atrair a atividade industrial município afetado.

O transbordo é o grande obstáculo da intermodalidade. O desenvolvimento de novas tecnologias é fundamental para a resolução desse problema, como a que representou a adoção dos contêineres.

Macroeconomicamente, os impactos estruturas intermodais podem ser compreendidos nos efeitos que interagem e se disseminam por meio da riqueza relacional dos mecanismos de mercado, processos técnicos que se relacionam sistemicamente. Outro impacto macro é que a aprimoramento da infraestrutura intermodal possibilita o surgimento de aglomerados econômicos poderosos, sendo que sua simples construção em um território específico já oferece ganhos como a inovação e a circulação comercial de novos conceitos, devido a diferentes empresas e profissionais estarem atuando em conjunto. E, ao economizarem nos custos operacionais sobre uma ferrovia, empresas podem ter reduções no preço de um produto, devido à concorrência, além de poderem, também, aumentar sua produção.

A implantação de sistemas de transporte multimodal gera impactos também no meio ambiente onde acontece. O modal ferroviário quando comparado ao transporte rodoviário tem melhor aproveitamento energético, estimula o desenvolvimento socioeconômico e expele menos gases poluente, além disso, apresenta uma maior segurança e durabilidade. No mundo não há qualquer nação desenvolvida sem um sistema ferroviário sólido.

Referências bibliográficas:

DUBKE, A. F. *Modelo de localização de terminais especializados: um estudo de caso em corredores de exportação de soja* – Tese de Doutorado – Depto. de Engenharia de Produção – PUC-Rio – Rio de Janeiro, 2006.

GUIMARÃES, V. A., CAMARA, M. V. O., RIBEIRO, G. M., NETO, H. X. R., FILHO, R. D. O. Planejamento estratégico do transporte: implantação de estruturas de integração logística no Brasil. *ANPET – XXVIII Congresso de Pesquisa e Ensino de Transportes.* Curitiba – PR. p. 3.

JUNIOR, A. B. *O porto de Salvador – Análise da realidade atual, sus necessidades e comparações pós-lei 8.630/93* – Dissertação de Mestrado – Programa de Pós-graduação em Engenharia Industrial - PUC-Rio – Rio de Janeiro, 2006.

LIMA, Maurício. *Custos logísticos no Brasil.* Disponível em: <http://www.ilos.com.br/web/custos-logisticos-no-brasil/>. Publicado em: 10/11/2014. Acesso em: 15/08/2017.

MAY, C. B. *A industrialização no Brasil: uma análise histórica e econômica de suas origens.* Monografia – Depto. de Ciências Econômicas – UFSC - Florianópolis, 2009.

RIBEIRO, L. O. M., BOUZADA, M. A. C. A intermodalidade compensa? Um estudo sobre o arroz no corredor Vale do Jacuí – Região dos Lagos (RJ). *Anais – SIMPOI* /2010.

SCHOLLES, Clara Rejane. *O custo da intermodalidade para cargas de projeto.* Disponível em: <https://www.comexblog.com.br/logistica/o--custo-da-intermodalidade-para-cargas-de-projeto/>. Acesso em: 01/09/2017.

SOUZA, F. W. S., LOPES, M. M. *A importância dos portos nos transportes intermodais.* Disponível em: <www.simpoi.fgvsp.br/arquivo/2010/artigos/E2010_T00211_ PCN91804.pdf>. Acesso em: 15/08/2017.

THIAGO, F., TRIGUEIRO, F. M. C., FERREIRA, H. M. G., SILVA, M. A. P. Criação de novos terminais intermodais e seus Impactos: um estudo na região de Alto Araguaia. *XVI ENGEMA – Encontro Nacional de Gestão Empresarial e Meio Ambiente.* São Paulo /2014.

Exercícios

Planejamento integrado

1 – Sobre as iniciativas de implantação da intermodalidade no Brasil, assinale a alternativa correta, considerando as proposições verdadeiras e falsas.

I. O decreto 8.014 versava que a multimodalidade deveria ser apenas aplicada em importações e exportações, portanto, operações de natureza do comércio exterior.
II. Este fator facilitou o desenvolvimento do transporte intermodal em nosso país.
III. Desta maneira, beneficiaram-se as empresas de transporte transoceânico, muitas delas internacionais, usando os contêineres no trajeto porto a porto, sem que fosse desenvolvida a intermodalidade no comércio interno brasileiro.

a) V, V e V
b) F, V e V
c) F, F e V
d) V, V e F
e) F, F e F

2 – Como pode ser considerado atualmente o sistema intermodal no Brasil? Assinale a alternativa correta:

a) A adoção da intermodalidade em nosso país é um processo promissor e já bastante desenvolvido.

b) A adoção da intermodalidade em nosso país ainda é um processo insipiente e pouco desenvolvido, devido a obstáculos ao uso dos recursos da intermodalidade.
c) Não há, no país, obstáculos à implantação da intermodalidade.
d) A adoção da intermodalidade em nosso país ainda é um processo insipiente e pouco desenvolvido, pois o Brasil não apresenta características aptas à utilização do transporte intermodal, tais como o montante dos fluxos de carga e as distâncias continentais de seus trajetos.
e) A adoção da multimodalidade em nosso país ainda é um processo insipiente e pouco desenvolvido, devido a obstáculos ao uso dos recursos da intermodalidade.

3 – Sobre a tecnologia Trailer On Flat Car, assinale a opção correta quanto às proposições verdadeiras ou falsas:

I. TOFC é o transporte que se utiliza de semirreboques rodoviários sobre um vagão ferroviário de tipo prancha.
II. Este vagão ferroviário possui fixação para o pino-rei do semirreboque.
III. Este sistema permite que o cavalo rodoviário seja desconectado, e assim o trecho de longa distância é feito por hidrovias.

a) V, V e V
b) F, V e V
c) V, V e F
d) F, F e V
e) F, F e F

4 – Sobre a tecnologia Piggyback train, assinale a opção correta:

a) O transporte Piggyback combina as vias rodoviária e ferroviária, sendo um tipo de transporte muito utilizado na Europa.
b) O transporte Piggyback combina as vias hidroviária e ferroviária, sendo um tipo de transporte muito utilizado na Europa.
c) A transferência do contêiner se faz por meio de esteiras de rolagem.
d) Tais guindastes ou empilhadeiras são equipados com engates hidráulicos de pinos, que seguram o contêiner por seus dispositivos de canto inferiores, chamados top spreaders.
e) A transferência dos semirreboques se dá por guindastes com braços superiores.

5 – Como os terminais intermodais otimizam a cadeia de suprimento? Assinale a opção correta:

a) Por meio de bônus financeiros, que podem ser descontados em uma próxima operação de transporte.
b) Por meio de serviços pontuais às pessoas (clientes, usuários e trabalhadores), aos equipamentos, aos veículos e à mercadoria.
c) Por meio de bonificações ao cliente importador.
d) Por meio de bonificações em dinheiro direto ao operador.
e) Por meio de bonificações ao cliente exportador.

6 – Os terminais intermodais vêm sendo classificados em graus ou níveis. Diante disso, assinale a opção incorreta:

a) Os terminais de nível IV oferecem todos os serviços dos de Nível, mas contam também com serviços de informação, o que o torna muito interessante aos clientes e exportadores em termos estratégicos.
b) O terminal de Nível 1 que oferece tanto a movimentação e manutenção das mercadorias no terminal quanto o seu transporte.

c) O terminal de Nível 2 propicia serviços de gestão, de transporte e movimentação da carga no terminal.
d) Existem terminais intermodais que oferecem transporte, manutenção e movimentação das cargas, incluindo ainda os serviços de acabamento de produção e de gestão, estes são o de Nível 3.
e) O terminal de Nível 1 que apenas a manutenção das mercadorias no terminal.

7 – Ao serem construídas plataformas logísticas, que aspectos devem previamente ser levados em consideração? Marque a opção correta:

a) Ao serem construídas, tais plataformas devem em geral considerar a superfície do local, a oferta imobiliária, a possibilidade de desenvolvimento de um mercado, a sustentabilidade e a organização da planta arquitetônica.
b) Ao serem construídas, tais plataformas devem considerar unicamente a superfície do local e a oferta imobiliária.
c) Ao serem construídas, tais plataformas devem considerar unicamente a superfície do local.
d) Ao serem construídas, tais plataformas devem considerar apenas a possibilidade de desenvolvimento de um mercado.
e) Ao serem construídas, tais plataformas devem considerar unicamente a sustentabilidade e a organização da planta arquitetônica.

8 – Sobre as vantagens e as desvantagens das plataformas logísticas, marque a alternativa correta, considerando as proposições falsas e as verdadeiras.

I. Com estas plataformas logísticas, podem-se elencar as negociações dos pequenos volumes de carga, o que gera acordos menos vantajosos tanto para o prestador de serviços, como para operadores e clientes.

II. Uma grande vantagem é a disponibilidade de uso das áreas específicas para o estoque.
III. Como desvantagens, temos os riscos financeiros, tais como seus altíssimos custos operacionais, expresso no preço do fornecimento de energia e na reposição demandada por possíveis danos a bens.

a) F, V e F
b) F, V e V
c) F, F e F
d) F, F e V
e) V, V e V

9 – Sobre a na implantação do sistema intermodal de transporte no Brasil, assinale a alternativa correta:

a) A CIDETI era um órgão cuja responsabilidade era instaurar o transporte intermodal no Brasil, fomentado as discussões entre os operadores de transporte, ouvindo suas demandas e visando incrementar nosso sistema intermodal.
b) Em 1977, por meio do decreto 8.014, a declaração dos conhecimentos intermodais era concedida somente para as transportadoras aptas ao transporte ferroviário.
c) Dez anos depois, o governo federal constituiu a Comissão Coordenadora do Desenvolvimento e Implantação do Transporte Intermodal – a CIDETI.
d) Na década de 1950 o Brasil já dava seus primeiros passos na implantação do sistema intermodal de transporte.
e) Por nossas facilidades no setor de transporte e por leis eficientes, a CIDETI apresentou resultados significativos.

10 – Quanto ao tipo de associação intermodal em que o aperfeiçoamento tecnológico tem trazido importante desenvolvimento, assinale a afirmativa correta:

a) Tal incremento tecnológico se dá em associações hidroferroviárias e rodoferroviárias, ou seja, em operações em que contêineres de transporte marítimo e reboques de caminhões rodoviários estão ligados a trens.
b) Tal incremento tecnológico se dá apenas em associações rodoferroviárias.
c) Tal incremento tecnológico se dá apenas em associações hidroferroviárias.
d) Tal incremento tecnológico se dá apenas em associações hidro-aeroviárias.
e) Tal incremento tecnológico se dá apenas em associações hidrorrodoviárias.

11 – Sobre o PAC e seus investimentos em infraestrutura para o transporte intermodal, assinale a opção correta considerando as proposições verdadeiras e falsas:

I. O Plano de Aceleração do Crescimento, lançado pelo governo Lula em 2007, visava retomar o planejamento e a execução de obras de infraestrutura.
II. Este programa objetivava espalhar o modal rodoviário e proporcionar a ligação das áreas de produção agrícola e mineral até às indústrias, aos portos e ao mercado consumidor.
III. Para isso, Dilma Rousseff buscou a revisão do modelo regulatório, para incrementar a competitividade no transporte de cargas, incentivar o melhor uso da infraestrutura ferroviária e com isso atrair investimentos.
IV. Visava ainda garantir carteira de projetos para aumentar e aprimorar o uso do sistema ferroviário, interligando-o aos outros meios de transporte (hidroviário e rodoviário).

a) V, V, F e F
b) V, F, F e V
c) V, V, V e V
d) F, V, F e V
e) F, F, F e V

12 – Sobre os outros planos infraestruturais lançados durante os governos de Lula e Dilma Rousseff, assinale a afirmativa correta:

a) O PGO - Plano Geral de Outorgas, do Setor Portuário, foi lançado em 2010.
b) O PIL - Programa de Investimento em Logística, foi lançado em 2012 pela ANTT.
c) O RumoS (do RS), foi um dos planos logísticos sob iniciativa dos estados brasileiros.
d) O Plano Nacional de Logística Integrada foi lançado em 2005.
e) Houve outros planos logísticos sob iniciativa dos estados brasileiros, tais como no Rio de Janeiro, no Espírito Santo, em Minas Gerais e no Paraná.

13 – Sobre o conceito de terminal intermodal, assinale a alternativa correta:

a) São estruturas, espacialmente ilimitadas destinadas à logística, ao transporte e à distribuição de mercadorias, importadas ou nacionais, que passam por um processo de consolidação e desconsolidação por diferentes operadores logísticos, assim propiciando o intercâmbio de mais de um modal de transporte.
b) São estruturas, espacialmente delimitadas destinadas à logística, ao transporte e à distribuição de mercadorias exclusivamente importadas, que passam por um processo de consolidação e desconsolidação por diferentes operadores logísticos, assim propiciando o intercâmbio de mais de um modal de transporte.

c) São estruturas, espacialmente delimitadas destinadas à logística, ao transporte e à distribuição de mercadorias, importadas ou nacionais, que passam apenas por um processo de consolidação por diferentes operadores logísticos, assim propiciando o intercâmbio de mais de um modal de transporte.

d) São estruturas, espacialmente delimitadas destinadas à logística, ao transporte e à distribuição de mercadorias, importadas ou nacionais, que passam por um processo de consolidação e desconsolidação por diferentes operadores logísticos, mas sem propiciar o intercâmbio de mais de um modal de transporte.

e) São estruturas, espacialmente delimitadas destinadas à logística, ao transporte e à distribuição de mercadorias, importadas ou nacionais, que passam por um processo de consolidação e desconsolidação pelo mesmo operador logístico, assim propiciando o intercâmbio de mais de um modal de transporte.

14 – Assinale a alternativa que contenha os terminais portuários brasileiros construídos ou ampliados em vista da necessidade de operar como terminais intermodais.

I. Navegantes, em Santa Catarina.
II. Sepetiba, no Rio de Janeiro.
III. Suape, em Pernambuco.
IV. Açu, no Rio de Janeiro
V. Pecém, no Ceará.

a) I, II e V
b) I e II
c) I, II, III e V
d) II, III e V
e) III e IV

15 – Quanto ao planejamento integrado nos transportes, assinale a afirmativa correta:

a) A estocagem adequada pode ficar a cargo do operador de transporte.
b) O planejamento integrado dos transportes de cargas envolve os itens desde sua produção até a disponibilização ao consumidor.
c) Tendo em vista os produtos majoritariamente produzidos em seu território, os principais centros de consumo ou escoamento e exportação buscam fazer um planejamento pensando exclusivamente no máximo lucro.
d) Quanto ao transporte, ter-se-á de levantar, levando-se em conta os recursos naturais e a infraestrutura disponível, os melhores meios para vencer os modais utilizados pela concorrência.
e) Os países mais desenvolvidos, que se industrializaram antes, ainda não se organizaram politicamente para construir sua infraestrutura e gozar de facilidades na implementação da intermodalidade.

16 – Sobre o transporte intermodal de cargas, assinale a alternativa correta:

a) O transporte intermodal são operações logísticas fragmentadas em que se utiliza mais de um meio de transporte resultando em um movimento coordenado e interligado no transporte de mercadorias.
b) O transporte intermodal são operações logísticas em que se utiliza apenas um meio de transporte de mercadorias.
c) O transporte intermodal resulta em um movimento coordenado e interligado no transporte de pessoas.
d) O transporte intermodal resulta em um movimento descoordenado no transporte de mercadorias.
e) O transporte intermodal consiste em operações logísticas sequenciais em que se utiliza mais de um meio de transporte resultando em um movimento coordenado e interligado no transporte de mercadorias.

17 – Sobre a adoção do transporte intermodal, assinale a opção incorreta:

a) O transporte intermodal pode diminuir os custos com os transportes.
b) O transporte intermodal pode diminuir os custos com a mão de obra.
c) Em alguns casos, é possível ter a intermodalidade como meio de redução de gastos em logística.
d) O transporte intermodal pode apresentar um impacto positivo sobre a qualidade do serviço.
e) O transporte intermodal pode diminuir as emissões de gases de efeito estufa.

18 – Sobre a infraestrutura intermodal, assinale a alternativa correta, considerando as proposições verdadeiras e falsas:

I. Em alguns casos, a infraestrutura intermodal pode acarretar que parte das indústrias de uma determinada cidade sejam realocadas para os municípios onde novos terminais intermodais se instalaram.
II. Em outras palavras, a empresa de transporte diminui suas atividades no antigo terminal em que operava, atuando preponderantemente em outros municípios.
III. Em alguns casos, a infraestrutura intermodal pode acarretar que todas as indústrias de uma determinada cidade sejam realocadas para os municípios onde novos terminais intermodais se instalaram.
IV. O fato economicamente negativo deste impacto se pode perceber pela menor arrecadação de impostos, induzida pela necessidade de adotar outra estratégia para atrair a atividade industrial para o município afetado.

a) V, F, V e F
b) V, V, F e F
c) V, V, V e V

d) V, V, F e V
e) F, F, V e V

19 – Quanto ao conceito de commodities, marque a opção incorreta:

a) São produtos com valor agregado baixo, tais como grãos e cimento.
b) São os principais produtos transportados na intermodalidade.
c) Uma parte substancial do valor destes produtos reflete os custos de contratação do operador.
d) Uma parte substancial do valor destes produtos reflete os custos de transporte do produtor.
e) São produtos que dependem de um eficiente sistema de transporte.

20 – Sobre o custo dos transportes para as empresas, marque a opção correta:

a) Dentre os custos logísticos das empresas o item mais dispendioso é o da mão de obra especializada.
b) Dentre os custos logísticos das empresas o item mais dispendioso é o custo dos transportes, variando entre 4% e 25% do faturamento líquido.
c) Dentre os custos logísticos das empresas o item mais dispendioso é o custo dos transportes, variando entre 5% e 24% do faturamento bruto.
d) Dentre os custos logísticos das empresas o item mais dispendioso é o custo dos transportes, variando entre 24% e 25% do faturamento bruto.
e) Dentre os custos logísticos das empresas o item mais dispendioso é o custo dos transportes, variando entre 4% e 25% do faturamento bruto. Em casos extremos, o custo do transporta suplanta o lucro operacional.

21 – Sobre a tecnologia intermodal do COFC – Container on flatcar, assinale a opção incorreta:

a) O COFC está relacionado ao transporte intermodal quando um recipiente carregado é transportado por via aérea ou rodoviária para um porto, e depois carregado em um vagão plano para que cumpra o restante do trajeto por ferrovia.

b) É usado em operações em que uma parte do transporte é feita por uma carreta ou contêiner posto sobre um vagão plataforma (doublestack).

c) A outra parte da operação é composta por um cavalo mecânico ou por um caminhão no restante do trajeto.

d) Trata-se do transporte ferroviário de contêineres.

e) O COFC está relacionado ao transporte intermodal quando um recipiente carregado é transportado por via marítima ou rodoviária para uma cabine ferroviária, e depois carregado em um vagão plano para que cumpra o restante do trajeto por ferrovia.

22 – Quais são os principais critérios do planejamento intermodal e o que eles visam? Assinale a alternativa correta:

a) Obter excelência no desempenho mesmo que com custos maiores.

b) Obter excelência no desempenho por menores custos. Estes os critérios para avaliação e projeção da operação. Sendo assim, este planejamento visa determinar a infraestrutura adequada para garantir a livre circulação de pessoas e mercadorias entre pontos de um dado espaço geográfico.

c) Este planejamento visa determinar a infraestrutura adequada para garantir exclusivamente a livre circulação de pessoas.

d) Obter custos menores na operação modal mesmo que comprometa sensivelmente a excelência do desempenho.

e) Este planejamento visa determinar a infraestrutura adequada para garantir exclusivamente a livre circulação de mercadorias.

23 – A propósito do conceito de Plataforma Logística, marque a opção correta:

a) É a designação dada à localidade onde se concentram estruturas e soluções para a logística de uma série de produtos.
b) É a designação dada à localidade onde se concentram estruturas e soluções para a logística de um produto específico, em busca de um melhor desempenho.
c) É a designação dada à localidade onde se concentram estruturas e soluções para a logística de um produto específico, em busca de se obter mais lucros.
d) Também podemos pensar em plataforma logística como um conceito socioeconômico, sendo um centro de logística em que se opera agregando valor ao produto, e tal valor é convertido em ações beneficentes a comunidades carentes.
e) Também podemos pensar em plataforma logística como um conceito econômico, sendo um centro de logística em que se opera agregando valor ao produto, e tal valor é convertido bônus ao operador.

24 – Sobre o conceito de Plataforma Logística, marque a opção correta:

a) O conceito de Plataforma Logística surgiu nos EUA, nos anos de 1960.
b) Surgiu na França, com o objetivo era aumentar o fluxo de materiais que era desordenadamente distribuído pelos terminais na periferia dos grandes centros urbanos.
c) Elas respondem às demandas da moderna economia, que necessita de mais ágeis adaptações e reações.
d) Essas plataformas seriam responsáveis por primeiro concentrar e depois otimizar a distribuição das cargas, mas com consequente aumento de custos.

e) Essas plataformas seriam responsáveis por primeiro otimizar e depois concentrar a distribuição das cargas, com consequente redução de custos.

25 – Arquitetonicamente, como estão dispostas as Plataformas Logísticas? Assinale a alternativa incorreta:

a) As plataformas se configuram como um complexo estrutural de instalações de transporte e equipamentos.
b) Possuem oficinas, armazéns, equipamentos, centros de distribuição e a equipagem de apoio ao transporte.
c) Podem prescindir de locais de acomodação, assessoria e zonas alfandegadas.
d) Devem constar de locais de abastecimento, fretamento, alimentação, acomodação, assessoria e zonas alfandegadas.
e) Pode concentrar ainda estruturas de diversos modais.

26 – Sobre a lei rege atualmente o transporte intermodal no Brasil, assinale a afirmativa correta:

a) É a lei no 9.611/98, que revogou a antiga lei que versava sobre a intermodalidade, a 6.288/75, tratando do uso, do transporte e da movimentação intermodal de mercadorias em unidades de carga.
b) É a lei no 9.611/98, que revogou a antiga lei que versava sobre a intermodalidade, a 6.288/75, que tratava exclusivamente do transporte de mercadorias em unidades de carga.
c) É a lei no 6.288/75, que revogou a antiga lei que versava sobre a intermodalidade, a 9.611/98, tratando do uso, do transporte e da movimentação intermodal de mercadorias em unidades de carga.
d) É a lei no 9.611/98, que revogou a antiga lei que versava sobre a intermodalidade, a 6.288/75, tratando exclusivamente da movimentação intermodal de mercadorias em unidades de carga.

e) É a lei no 9.611/98, que revogou a antiga lei que versava sobre a intermodalidade, a 6.288/75, tratando exclusivamente do transporte de passageiros.

27 – Qual o critério diferencia o transporte intermodal do multimodal? Marque a opção correta:

a) O critério que diferencia essas operações integradoras de transporte, intermodal e multimodal, é econômico, pois os lucros que delas derivam são muito díspares.
b) O critério que diferencia essas operações integradoras de transporte, intermodal e multimodal, é jurídico, pois a principal diferença se deu na documentação dessas operações.
c) O critério que diferencia essas operações integradoras de transporte, intermodal e multimodal, é socioeconômico, pois os consumidores finais de suas mercadorias são de camadas sociais diferentes.
d) O critério que diferencia essas operações integradoras de transporte, intermodal e multimodal, é político, pois os empresários desses ramos são de orientação ideológica diversa.
e) O critério que diferencia essas operações integradoras de transporte, intermodal e multimodal, é social, pois suas tributações se revertem em níveis diferentes na contribuição ao erário.

28 – Sobre o modal rodoviário no Brasil, assinale a alternativa incorreta:

a) O modal rodoviário no Brasil é exemplo de nossa soberania diante dos ditames do mercado financeiro internacional.
b) Esta situação fortalece politicamente a indústria em seus ramos que embasam transporte rodoviário, como o produtor e exportador de petróleo.

c) Do consumidor ao produtor, somos como que reféns do modal rodoviário.

d) Esta situação fortalece politicamente a indústria em seus ramos que embasam transporte rodoviário, como o construtor de caminhões.

e) Apenas estes ramos industriais consideram vantajoso tal estado de coisas.

29 – Sobre a inserção de outros modais integradores na logística brasileira, assinale a opção correta:

a) O fato é que o transporte não precisaria estar limitado a um modal.

b) Seria preciso o uso de outros modais que propiciassem acessar as demais regiões do país, já que o modal ferroviário brasileiro se encontra concentrado nas regiões Norte e Nordeste.

c) Tais modais integradores poderiam perfeitamente ser o aeroviário e o dutoviário.

d) Se pensarmos nas filas quilométricas de caminhões na entrada dos portos, parece óbvio que estas linhas de congestionamento poderiam ser postas em movimento mais ágil se fossem balsas.

e) Todos os modais têm os mesmos tipos de vantagens e desvantagens.

30 – Quais fatores foram considerados na implantação da Plataforma Logística Multimodal do Estado de Goiás?

a) A geografia, em posição central e com acessos para todas as outras regiões da América do Sul.

b) A sua característica econômica, requerendo pouco desempenho em logística.

c) A geografia, em posição central e com acessos para todas as outras regiões do país.

d) O incentivo das empresas para a utilização destas plataformas foi o aspecto menos considerado na adoção da plataforma logística.

e) A geografia, em posição central e com acessos a todos os portos fluviais do país.

31 – Como têm agido os governos brasileiros quanto ao planejamento integrado e em que ponto de implantação se encontram as obras propostas? Assinale a alternativa correta:

a) Infelizmente, o governo brasileiro tem evitado adotar o planejamento integrado
b) O governo do Brasil tem buscado adotar o planejamento integrado, o que se pode perceber apenas nos programas em nível estadual.
c) O governo do Brasil tem buscado adotar o planejamento integrado, o que se pode perceber nos programas e planos, tanto em nível estadual quanto federal.
d) O governo do Brasil tem buscado adotar o planejamento integrado, o que se pode perceber nos planos em nível federal.
e) Estes planos enfatizam as demandas estruturais para melhorias em logística e tais projetos estão totalmente concluídos.

32 – Sobre os objetivos da intermodalidade, do ponto de vista logístico, assinale a opção correta:

a) O principal objetivo é a manutenção total da integridade física da pessoa transportada.
b) O objetivo menos importante é a manutenção total da integridade física da mercadoria, protegida de danos, furtos e avarias pelas intempéries do tempo
c) O principal objetivo é a manutenção total da integridade física da mercadoria, protegida de danos, furtos e avarias pelas intempéries do tempo; e segundo, mas não de menor importância, a entrega de acordo com os prazos estipulados nos contratos.

d) Um segundo objetivo, mas não de menor importância, é a satisfação dos passageiros transportados.
e) O principal objetivo é a manutenção total da integridade física da mercadoria, protegida de danos, furtos e avarias pelas intempéries do tempo; e segundo, mas não de menor importância, a entrega de acordo com os prazos estipulados em um acordo verbal.

33 – Sobre a lei ISTEA, assinale a alternativa incorreta:

a) A criação desta lei está ligada ao plano norte-americano de desenvolvimento de seu sistema de transporte intermodal, visando eficiência econômica.
b) A lei contemplava o setor de transportes, atualizando-os de modo mais adequado quanto ao desenvolvimento da economia estadunidense.
c) Contemplando o setor de transportes, a lei os atualizou de modo mais adequado à economia mundial.
d) Foi promulgada no ano de 1991, e foi um passo importante para a modernização do transporte multimodal nos Estados Unidos.
e) A lei determinou aos órgãos responsáveis pelos sistemas de transportes nos estados americanos que o conceito intermodal integrasse em essência seus projetos logísticos. Ou seja, usou instrumentos jurídicos.

34 – Sobre a chegada da intermodalidade na Europa, assinale a alternativa correta quanto às proposições verdadeiras e falsas:

I. As companhias ferroviárias inglesas ficaram interessadas, e adotaram operações intermodais por meio de contêineres.
II. As companhias ferroviárias inglesas criaram uma empresa privada que comandava as operações nas ferrovias, organizando os serviços e a grade das linhas.
III. As companhias ferroviárias alemãs, isoladamente, detinham a propriedade das estradas de ferro e de seu maquinário.

a) V, V e V
b) V, V e F
c) F, F e V
d) F, V e F
e) F, V e V

35 – Sendo o Brasil exportador de commodities, em que situação específica seria propício o uso da intermodalidade?

a) O Brasil não apresenta nenhuma condição para o uso da intermodalidade.
b) A prática da intermodalidade seria cabível principalmente nos produtos/trechos em que as rodovias não são o meio mais competitivo.
c) No Brasil a intermodalidade seria excelente chance de as empresas serem mais competitivas, visto que se procura apenas a redução nos custos logísticos.
d) No Brasil a intermodalidade traria poucas chances de as empresas serem mais competitivas.
e) A prática da intermodalidade seria cabível principalmente nos produtos/trechos em que as ferrovias não são o meio mais competitivo.

36 – O que também está tornando dispendiosa a intermodalidade no Brasil? Assinale a alternativa incorreta:

a) O elevado custo operacional dos portos.
b) Os armadores repassam os altos custos de bunker.
c) O valor do IOF sobre o bunker.
d) A incidência.
e) As despesas com a tripulação.

37 – Quais os fatores que acarretam o mau desempenho do escoamento de nossa produção?

a) Apenas o péssimo estado de conservação das ferrovias.
b) Tanto o mau estado de conservação de rodovias e a inexistência de outro modal.
c) A inexistência de outro modal tão acessível e disponível quanto o ferroviário.
d) A infraestrutura adequada para exploração de outros modais.
e) Apenas o mau estado de conservação de rodovias.

38 – O que permite o investimento em tecnologia no sistema intermodal? Assinale a alternativa incorreta:

a) Com aplicação voltada à Cadeia de Suprimento, o transporte intermodal deve operar de modo totalmente integrado.
b) A integração proporcionada pelo transporte intermodal faz com que uma parte do resultado financeiro possa ser investida na pesquisa tecnológica, que propicia redução de custo a médio e longo prazo.
c) A integração proporcionada pelo transporte intermodal faz com que uma parte do resultado financeiro possa ser investida na aquisição de novos veículos de transporte.
d) Uma outra parte dos recursos financeiros pode proporcionar uma diminuição no valor do produto para o consumidor.
e) Com aplicação voltada à Cadeia de Suprimento, o transporte intermodal deve operar de modo totalmente integrado, levando em conta o desejo do consumidor e as estratégias para a distribuição, visando simultaneamente a satisfação dos clientes e a diminuição dos custos.

39 – Sobre a tecnologia car less, assinale a alternativa correta:

a) Para o uso pleno dessa tecnologia, é indispensável um vagão de trens.
b) Com o car less pode-se quase que criar um trem específico, de acordo com a encomenda, mesclando outros tipos de vagões.
c) O car less dispensa o vagão de trens, pois um vagão ferroviário é adaptado para acoplar-se a um navio.
d) Esta tecnologia contribui para a otimização das hidrovias e melhora a posição das empresas que buscam soluções integradas.
e) Esta tecnologia contribui para a otimização das ferrovias e melhora a posição das empresas que buscam soluções integradas.

40 – A respeito da tecnologia Flatcar, assinale a opção correta:

a) A tecnologia Flatcar é um vagão vertical, com três níveis de acoplagem.
b) Também são usados com frequência para transportar contêineres ou reboques como parte do transporte intermodal de mercadorias.
c) O Flatcar é usado para muito grandes ou pesadas para serem carregadas em recipientes abertos.
d) Estes carros planos são usados para cargas leves e frágeis.
e) O Flatcar possui no máximo três eixos.

Gabarito:

01 - C
02 - B
03 - C
04 - A
05 - B
06 - E
07 - A
08 - B
09 - A
10 - A
11 - B
12 - C
13 - E
14 - D
15 - B
16 - E
17 - B
18 - D
19 - C
20 - E
21 - A
22 - B
23 - B
24 - C
25 - C
26 - A
27 - B
28 - A
29 - A
30 - C
31 - C
32 - C
33 - D
34 - B
35 - B
36 - C
37 - B
38 - C
39 - B
40 - B

MATRIZ DE TRANSPORTES:

Concentração modal, consequências ambientais e econômicas

1. Conceito de matriz de transportes

Por Matriz de Transporte entende-se o a soma de todo o sistema de transporte usado para transportar mercadorias e pessoas, elaborados por uma nação, um estado ou uma empresa. O termo é mais comum no âmbito do transporte comercial de cargas, e assume fundamental importância no mundo dos negócios, onde existe uma grande preocupação com a eficácia logística. Os modais de transporte são seus principais meios, e costuma-se dividi-los conforme o plano físico em que atuam. Por conseguinte, a matriz de transporte de uma nação é o conjunto sistêmico de seu transporte terrestre, hidroviário e aéreo.

O transporte terrestre compreende os modais ferroviário, dutoviário e rodoviário, ou seja, são os que exploram a superfície terrestre ou o subterrâneo. Entre eles, o rodoviário é o mais adequado para conectar pontos próximos, mesmo a construção e a manutenção de rodovias sejam onerosas. Sua manutenção se torna uma desvantagem, pois sob um modelo econômico que leva ao intenso circular de grandes caminhões transportando cargas pesadas, é grande o impacto que assimilam.

As estradas de ferro, por sua vez, são as mais apropriadas para trajetos médios ou longos, transportando cargas volumosas, tais como grãos e minério de ferro, por longas distâncias e com bom aproveitamento energético. Essa capacidade volumétrica é um de seus vários benefícios, diante dos altos investimentos iniciais, já que conseguem transportar grandes quantidades de mercadoria com custos menores. As ferrovias oferecem excepcional segurança, com índices pequenos de acidentes e roubos de carga. Uma vez que se trata de um frete mais barato, é perfeito para o transporte de produtos de baixo valor agregado, em que o transporte representa importante fatia do valor final de comercialização.

O Transporte Dutoviário ou Tubular possibilitam a movimentação, por longa distância, de gases, líquidos, minérios e grãos. Recebem esse denominação por serem estruturas compostas de dutos tubulares ou cilíndricos. Trata-se da maneira mais segura de se transportar gás natural e petróleo a partir das refinarias. O modal dutoviário é muito eficiente quando há garantia de fluxo contínuo de petróleo e gás, embora exija minucioso planejamento e alto investimento, que só tem retorno a longo prazo. Com o transporte dutoviário, por fim, é possível levar aquecimento e gás diretamente para dentro das casas.

O transporte hidroviário, aquático ou aquaviário, compreende o trânsito de passageiros e mercadorias por navios, barcos ou balsas, por hidrovias tais como rios, mares, oceanos ou lagos, incluindo a navegação de cabotagem. As hidrovias demandam um gasto menor para a movimentação de milhares de toneladas de mercadoria, mas possuem uma velocidade menor em relação a trens e caminhões. Comparado ao sistema ferroviário, o transporte aquaviário apresenta um custo 20% mais econômico por tonelada transportada, e quanto ao rodoviário, as hidrovias são 40% mais baratas.

O transporte aéreo, feito por aeronaves, é definitivamente muito caro, e utilizado para o transporte de mercadorias frágeis, como aparelhos eletroeletrônicos, ou que são rapidamente perecíveis, como flores e frutas.

Considera-se produtiva a matriz de transporte que considera as características socioeconômicas do local onde atua e as distâncias a serem percorridas pelas operações de transporte, e que facilite um trânsito de pessoas e cargas a preços menores e em menor tempo. Se estiver fortemente estruturada, a matriz de transporte diminui o preço das mercadorias, ajudando seus países na concorrência internacional.

2. Análise de matrizes de transporte

2.1 Nos EUA

O modal rodoviário, com 70%, e o modal dutoviário, através dos gasodutos, com 25% do total de operações, predominam na matriz de transportes dos Estados Unidos, Entretanto, é preciso considerar, também, os valores de TQU – Toneladas por Quilômetros Úteis, que têm o intuito de calcular o esforço físico a partir da relação entre a distância percorrida e a tonelagem transportada. Por essa perspectiva, os modais hidroviário e ferroviário têm participação mais fundamental do que se pode inferir por meio dessas porcentagens na movimentação de cargas naquele país.

Tendo em vista TQU, o modal ferroviário é o mais importante para os EUA, com quase 50% das cargas transportadas. Os meios dutoviários e hidroviários, juntos, representam quase um terço das cargas. Já as estradas rodoviárias, com pouco mais que 25% das cargas, integram os modais, realizando as "pontas" rodoviárias, operações que também podem envolver o transporte aéreo. Ainda sob os cálculos de TQU, o modal aeroviário é esficaz no transporte, a grande distância, de produtos com altíssimo valor agregado, mesmo representando somente 0,4% da matriz de transporte estadunidense.

O excelente desempenho de suas ferrovias e hidrovias justifica-se pela intensa utilização dos eixos de transporte, com equipamentos tecnologicamente avançados, com locomotivas e vagões de alta tonelagem. Na malha hidroviária norte-americana os comboios com múltiplas barcaças têm grande capacidade de transporte de cargas volumosas e pesadas por distâncias longas.

A menor densidade de transporte dos modais rodoviário e dutoviário indicam que estes exercem na matriz a função de distribuição. Os oleodutos e gasodutos norte-americanos se localizam nos grandes eixos de transporte, conectados aos sistemas hidroviário e ferroviário.

2.2 No Brasil

Ser competitivo no intenso mercado internacional significa ter uma infraestrutura de transporte que supra as necessidades de escoamento de toda a produção de um dado país. Uma gestão eficiente da matriz de transportes deve assegurar, pois, que os produtos alcancem seu destino, ilesos e com custos competitivos. Para tanto, torna-se necessário um conhecimento aprofundado das particularidades de cada meio de transporte.

Contemporaneamente, há uma série de problemas que comprometem a logística brasileira, prejudicando a eficiência e a competitividade, tanto da nossa produção industrial nacional quanto das filiais das multinacionais, o que em casos extremos, mas não impossíveis, pode até inviabilizar exportações. Diante disso, o desenvolvimento econômico das nações depende em grande parte do investimento do Estado no sentido de proporcionar meios apropriados de transporte às pessoas e aos diversos tipos de carga, promovendo mobilidade e acessibilidade a um custo baixo.

2.2.1 Desequilíbrio na matriz de transporte no brasil

No Brasil, existe um gravíssimo desequilíbrio no aproveitamento de nossas malhas viárias, o que atravanca o pleno escoamento de tudo o que produzimos, gerando grandes prejuízos. Além disso, a péssima estrutura da matriz de transporte interfere negativamente no processo, já que impede que se possa economizar recursos. De todas as mercadorias transportadas em território nacional, 58% viaja através de rodovias, 25% por estradas de ferro, 13% por hidrovias, 3,6% por dutovias e 0,4% por via aérea.

Os altos custos do transporte de mercadorias no Brasil são resultado desse desequilíbrio. Isso faz com que nossos principais concorrentes na exportação de *commodities* agrícolas sejam capazes de oferecer preços mais baixos no transporte de cargas, seja porque possuem um território menor e mais fácil de administrar ou porque possuem uma matriz mais equilibrada.

Não é só sobre as exportações que o impacto dos grandes custos do transporte no país é negativo, mas também no valor final do produto para o mercado interno. Isso acarreta uma diminuição do consumo, ou seja, da procura, o que resulta na diminuição da produção. A diminuição da produção leva a demissões e desemprego que intensificam a redução do consumo e assim em diante.

2.3 Hidrovias brasileiras

A malha hidroviária brasileira conta com aproximadamente 43 mil quilômetros de vias fluviais, sendo que 28 mil são navegáveis e 15 mil possuem potencial de viram a ser. Apenas 10 mil quilômetros dessa malha corresponde a hidrovias já instauradas.

Mesmo que, de forma geral, a instalação da malha hidroviária seja mais barata do que a de rodovias e ferrovias, elas dependem da construção de eclusas e barragens em rios, operações de custo alto. Por isso, o incremento da rede não raro se vincula à construção de uma usina hidrelétrica, o que aumenta de forma considerável a necessidade de investimentos.

Atualmente o termo "gargalo" vem sendo utilizado para assinalar os fatores que se apresentam como obstáculos à expansão ou ao desenvolvimento de alguma atividade econômica, diminuindo seu potencial final de produção. Tais gargalos da matriz logística, já são computados no Custo Brasil, um indicador econômico que agrupa o conjunto de complexidades burocráticas, econômicas e estruturais que tornam mais custoso investir no Brasil.

Internacionalmente, cresce a tendência de matrizes estruturadas por meio dos *hub ports*, os "portos concentradores", isto é, um porto que centraliza as linhas aquaviárias e, assim, a distribuição de mercadorias. Esse fenômeno resulta de planos para atrair navios maiores e de concentrar as rotas reduzindo as escalas das maiores companhias de navegação do mundo. Com isso, os outros portos de nossa rede hidroviária passam a configurar pontos de distribuição, via navegação de cabotagem.

As questões de engenharia em nossos portos são outro gargalo de nosso sistema hidroviário, gerando problemas no atracamento de grandes navios, com alguns portos sendo muito rasos. É possível dizer que a quase inexistência de uma rede mínima de portos secos, que acaba impedindo o descongestionamento dos portos marítimos e que a defasada base aeroportuária, sem grandes aeroportos, também impedem o desenvolvimento desse setor. Extinguir os entraves burocráticos e administrativos, como o tempo de espera para a liberação de cargas, que estagnam a competitividade da economia nacional é fundamental.

Um modal hidroviário moderno, com investimentos públicos e privados, é de extrema importância para o nosso desenvolvimento. Por exemplo, uma única barca de grande porte tem a capacidade de carga equivalente à de dezenas de caminhões.

O Brasil nunca investiu suficientemente em sua malha hidroviária durante sua história. É fundamental que os portos nacionais, com a crescente produção – principalmente das *commodities* de grãos – aumentem sua capacidade de estoque e transporte.

Isso pode ser feito através de investimentos para a modernização estrutural dos armazéns, dos terminais específicos para grãos, minérios e contêineres, dos depósitos, de canais de acesso para grandes navios e de berços para atracação.

É fundamental compreender o sistema hidroviário como uma unidade de planejamento, promovendo consórcios entre os municípios e possibilitando a multiplicidade de usos para as linhas fluviais é. Além disso, é preciso estimular a geração de cargas junto à malha hidroviária, por meio do incentivo à iniciativa privada, a fim de atrair empresas para se instalarem entorno dos terminais. E, por fim, também se mostra de suma importância o investimento em recursos humanos, através do investimento na formação de profissionais capacitados.

2.4 Ferrovias brasileiras

A histórica preferência por investimento, no Brasil, na malha rodoviária em muito prejudica um aprimoramento das ferrovias. Isso faz com que a estrutura ferroviária existente se encontre em estado precário.

Nosso modal ferroviário funciona em seus padrões básicos, com uma boa capacidade de carga para um transporte de baixo custo. Nossas estradas de ferro percorrem longas distâncias, com grande aproveitamento energético, baixíssimo custo de manutenção, segurança no transporte e pouca agressividade ao meio ambiente.

Suas mais notáveis desvantagens são a necessidade de um investimento alto para sua implantação ideal, a vagarosidade dos transportes, por conta do modo em que opera as cargas e as descargas e sua flexibilidade limitada, o que atrapalha a integração entre os estados brasileiros. Ainda contamos com trilhos ociosos, sem operação, uma vez que utilizamos menos que a metade de nossa malha, apenas 12 mil quilômetros.

Atualmente, comente 20% de nossa produção total é escoado por trens de carga. Assim sendo, a mais eficiente medida seria aumentar os ramos de nossa rede ferroviária, estagnados há 40 anos. Nos EUA, país não muito mais extenso que o Brasil, tem uma malha ferroviária dez vezes maior com um nível baixíssimo de ociosidade de trilhos. Já na Rússia, 80% de todas as operações de carga são feitas sob trilhos.

Historicamente, as ferrovias estão associadas ao desenvolvimento econômico de vários países, especialmente aqueles de grande extensão territorial como os EUA, a Rússia, a China e a Índia. No Brasil, o desenvolvimento desse modal deu apenas seus primeiros passos, sendo, em seguida, substituído pelo investimento no sistema rodoviário.

Um outro problema de nosso sistema ferroviário é a competitividade que acaba se desenhando entre ele e as estradas rodoviárias, sendo que o ideal para o desenvolvimento econômico, a exemplo de países desenvolvidos, é a integração desses sistemas.

2.5 Rodovias brasileiras

O sistema rodoviário é marcado por sua grande flexibilidade, possuindo poucas restrições de acesso, comumente acarretadas por fatores geográficos ou de segurança. Apesar do precário estado das rodovias brasileiras, esse é o modal mais utilizado no país.

74,9% de nossos mais de 1.610.076 de quilômetros de malha rodoviária apresentam problemas ou mesmo sérios comprometimentos, e apenas 196.280 quilômetros encontram-se pavimentados e asfaltados. Não raro, pesquisas de opinião pública é avaliado como deficiente ou péssimo. O quadro é mais grave nas regiões onde a malha depende de investimentos estatais. Tanto obras de manutenção das estradas que estão em bom estado, quanto reformas das rodovias ruins e a reconstrução das que se encontram em péssimas condições são fundamentais.

As rodovias mais eficazes do país localizam-se no estado de São Paulo, sendo administradas por empresas concessionárias que obtêm recursos através da cobrança de pedágio dos usuários. Enquanto isso, a cidade de São Paulo, o maior centro de convergência rodoviária do Cone Sul, é atravessada por grandes rodovias, o que gera graves consequências para o trânsito urbano. O Nordeste, por sua vez, é a região onde a rede rodoviária se encontra nas piores condições, um grande empecilho para seu desenvolvimento e para a integração com outras partes do país.

O transporte de cargas por rodovias no Brasil consome 90% de todo combustível utilizado pelo setor de transportes, sendo responsável pelo transporte de 60% do total de cargas, isso, unido à precariedade das rodovias, causa um aumento nos custos operacionais, que se reflete no aumento dos preços para o consumidor. Tudo isso interfere tanto no comércio interno quanto no comércio internacional, provocando sérios prejuízos econômicos para o país.

Embora o sistema rodoviário possua atrativos como o valor baixo dos fretes, devido à pouca eficiência da manutenção e renovação da frota, ele ainda conta com muitas falhas, esse mesmo atrativo financeiro indica jornadas de trabalhos extensas – pense-se nas horas de estrada de um caminhoneiro – e sobrecarga dos veículos – que provoca o alto índice de perdas no transporte de grãos, por exemplo.

A idade média da frota brasileira de caminhões, cerca de 1,5 milhão de veículos, é muito alta, 17 anos, sendo que a idade máxima recomendada é de 8 anos. Disso derivam uma baixa na produtividade, um maior consumo de combustível e um aumento dos gastos com acidentes e manutenção. Como agravante, temos dificuldades para renovar a frota, porque os caminhoneiros autônomos dificilmente conseguem bons financiamentos.

A dependência exagerada das precárias rodovias unida ao pouco investimento na ampliação da malha ferroviária, representa um dos mais agudos e emblemático gargalos da logística brasileira. Até mesmo em termos de extensão nosso modal rodoviário é defeituoso, medida na relação entre o total da quilometragem da via e o território nacional (em km^2), a oferta de rodovias no Brasil é menor que a de países como o México.

Em 2001 o Brasil contava com 170,9 mil quilômetros pavimentados (9,8% do total), já em 2015, esse número atingiu a casa dos 210,6 mil quilômetros (12,2% do total). Uma expansão de 23,2% em 15 anos, número baixíssimo, segundo dados do Anuário da Confederação Nacional do Transporte de 2015.

A Lei nº 10.336, promulgada em 2001, instituiu a CIDE – Contribuição de Intervenção no Domínio Econômico que incide sobre a importação e a comercialização de petróleo e seus derivados, de sorte que seus recursos sejam aproveitados para investimento em infraestrutura de transporte. Entre os anos de 2002 e 2005 por volta de 30 bilhões de reais foram recolhidos pela Cide, mas ainda em 2006 o investimento em transportes tinha sido somente cerca de nove bilhões de reais. Dessa forma, apesar de seus fins previstos em lei, a Cide teve sua receita usada para cumprir a meta de superávit primário do governo.

Não raro, as estradas não asfaltadas, popularmente conhecidas como "estradas de terra", recebem o tratamento de antipó, um produto que elimina a poeira, previne contra a formação de lama e outros reveses. Contudo, o antipó também produz prejuízos, especialmente no transporte de grãos em caminhões, devido à instabilidade da via associada a prováveis problemas de manutenção dos veículos, tais como geometria e suspensão. Se mesmo com antipó problemas dessa natureza aparecem, pode-se imaginar o tamanho do prejuízo que as estradas que nem esse tratamento recebem.

Obviamente, um caminhão gasta mais com manutenção de peças e combustível em uma estrada de terra não pavimentada do que em uma estrada com pavimento de asfalto. Logo, esses custos extras colaboram para o encarecimento dos produtos para os consumidores finais.

2.6 Dutovias brasileiras

O sistema dutoviário é contemplado na Lei nº 10.233, de 2001, que determina a criação, por parte da ANTT – Agência Nacional de Transportes Terrestres, de articulações com operadoras desse sistema para gerar interfaces intermodais, além de um cadastro de todas as dutovias e das empresas que atuam nesse tipo de transporte, a fim de facilitar projetos da Agência.

O modal dutoviário pode ser dividido em Minerodutos, Gasodutos e Oleodutos. Nos minerodutos, transporta-se principalmente o minério de ferro, o sal-gema e o Concentrado Fosfático. Pelos gasodutos, por sua vez é transportado o gás natural. Por fim, os oleodutos transportam as cargas de petróleo, gasolina, álcool etanol, diesel, querosene etc

O planejamento para aprimorar nossa malha dutoviária é de extrema importância para o país, uma vez que a produção de petróleo tende a crescer. No Plano Estratégico 2030 da Petrobras consta o anúncio de que a produção de petróleo chegará a 4,2 milhões de barris de petróleo / dia para 2020, tendo em vista que a média nacional de 2013 foi de 1,93 Mbpd.

2.7 Aerovias brasileiras

O modal aeroviário foi inaugurado, no Brasil, na década de 1920, desde então sofreu profundas transformações. Naquele período, existia uma total liberdade para a fundação de empresas de aviação civil, com poucas leis para regulamentação. Hodiernamente, o país conta com empresas consolidadas no setor, um marco regulatório sólido e uma agência reguladora específica, a ANAC – Agência Nacional de Aviação Civil.

Com o crescimento econômico do país, aliado a uma política de inclusão social, entre 2003 e 2008, o número de viagens aéreas cresceu 10% ao ano. Apesar da crise financeira global que se seguiu ao período, o mercado interno presenciou um aumento da procura por serviços aéreos e o começo da retomada na demanda por viagens internacionais.

As empresas aéreas estão atualmente estáveis do ponto de vista financeiro, e com planos de expansão, devido a isenções tributárias proporcionadas pela ANAC. Isso levou ao aumento da competitividade e, por conseguinte, à dinamização do setor e a benefícios para o consumidor, como na redução de 48% do valor médio das passagens. O setor ainda conta com o excelente potencial da indústria aeronáutica nacional, representada pela Embraer.

Recentemente, o governo federal vem estimulando a modernização dos aeroportos e, mais recentemente, o governo de Michel Temer estuda a possibilidade de privatizar alguns de nossos mais importantes terminais aéreos. Um dos caminhos para aprimorar o transporte de bens de consumo por via aérea é a criação de aeroportos industriais. Embora alguns poucos aeroportos tenham se candidatado, ficou claro que a estrutura de segurança e controle de voos está bastante sucateada e carece de maiores investimentos.

3. Programas federais e privatizações

Em 2007 o Governo Federal lança o PAC – Programa de Aceleração do Crescimento, a fim de retomar o planejamento e execução de obras de infraestrutura, com benefícios sociais, logísticos e energéticos para o país. Entre 2008 e 2009, em plena crise financeira internacional, o PAC foi fundamental para a estabilização da economia brasileira. Já em 2011, o PAC entrou na sua segunda fase, seguindo sempre a mesma linha estratégica. Nesta nova fase o PAC apresentou uma carteira de cerca de 37 mil empreendimentos e um alto volume de investimentos.

Dessa forma, o PAC parecia se direcionar para o aprimoramento da matriz de transporte brasileira, operando com projeções a longo prazo. Proposta semelhante foi a do PNLT – Plano Nacional de Logística de Transportes, com a programação dos investimentos por 15 anos, objetivando à redução dos custos do transporte no país, e garantindo melhoras para as exportações e a circulação de mercadorias dentro do Brasil. Com essa finalidade, o plano procurou elencar e racionalizar os custos de toda a cadeia logística, da origem ao destino dos transportes, e também adequar a matriz atual, por meio do uso constante dos modais com grande desempenho produtivo.

Dessa forma, o PNLT tomava o desenvolvimento regional como vetor, visando a redução das desigualdades e a integração brasileira. Foi notável por ações de reincorporação do planejamento, executando políticas públicas e valendo-se de metodologias científicas para compreender o contexto dos transportes em território nacional. Como qualquer instrumento de gestão, o plano demanda constante aperfeiçoamento.

Hoje, a iniciativa privada gere, por meio de regimes de concessão, cerca de 10 mil quilômetros das rodovias brasileiras. Já a malha ferroviária, é quase que completamente privatizada. No caso das hidrovias, grande parte dos portos, tanto fluviais quanto marítimos, já se encontra sob a administração de empresas privadas.

4. Concentração modal

Tendo em vista a história da logística de transportes no Brasil, pode-se afirmar que a decadência do modal ferroviário está intimamente atrelado ao início da implantação do modelo rodoviário. Até os anos 1920, uma parcela significativa dos transportes se dava por hidrovias e ferrovias, o Brasil já contava com aproximadamente 29.000 km de ferrovias, com um aparato de 30.000 vagões distribuídos em 2.000 locomotivas a vapor.

A tração elétrica chegou ao nosso modal ferroviário em 1930, na medida em que substitui a tração a vapor em muitos trechos, e no final desta década a tração a vapor deu lugar à tração de tipo diesel elétrica. Em 1942 foi fundada a estatal Companhia Vale do Rio Doce, pelo Governo Federal, que se responsabilizou pela Estrada de Ferro Vitória-Minas que foi modernizada a fim de auxiliar no transporte de minério de ferro vindo das jazidas de Itabira, em Minas Gerais, até o Porto de Vitória, no Espírito Santo.

O Governo de Washington Luís, no final da década de 1920, foi responsável pelos primeiros grandes investimentos no sistema rodoviário brasileiro. Foram instaurados os alicerces da Rede Rodoviária do Brasil com o Plano Catrambi, que compreendia duas classes de rodovias, as estradas Federais ou troncais de penetração e as estradas estaduais ou de união dos estados. Em 1927, o governo federal instaurou um imposto adicional sobre combustíveis e veículos importados, o Fundo Especial para a Construção e Conservação de Estradas de Rodagem. Nesta época foram construídas as estradas Rio-Petrópolis e Rio-São Paulo e os trechos iniciais dos troncos que ligavam o Oeste-Sul com o Norte-Leste.

Dessa forma, entre 1928 e meados da década de 1950, a expansão da rede ferroviária diminuiu drasticamente, enquanto a malha rodoviária cresceu de maneira acelerada. O momento decisivo para a decadência do sistema ferroviário brasileiro foi o período entre 1945 e 1947, quando as ferrovias foram estatizadas e as companhias ferroviárias inglesas abandonaram o país. Parcela considerável de nossas ferrovias passou a perder cargas e passageiros por conta aos constantes problemas de falta de pontualidade dos trens e ausência de manutenção. O sistema ferroviária acabou, assim, se convertendo em ruínas protegidas pela Rede Ferroviária Federal, companhia extremamente ineficiente que atualmente só permanece como um acúmulo de passivos trabalhistas. A Paulista, de propriedade de barões do café de São Paulo, conseguiu resistir nesse período, graças a sua filosofia britânica de gestão.

No começo da década de 1950 o Governo Vargas decidiu centralizar a administração das 18 ferrovias da União, que totalizavam 37.000 km de linhas espalhadas por território nacional. Seguindo por esse caminho, em 1956, através de seu Programa de Metas, o Governo Juscelino Kubitschek aprovou a Lei do Plano Rodoviário Nacional e do Plano Ferroviário Nacional (Lei nº 2.975/1956) que acarretou a criação sociedade anônima Rede Ferroviária Federal S.A. – RFFSA, no ano seguinte, a fim de gerir, explorar, manter, reestruturas, expandir e melhorar o tráfego das ferrovias da União a ela confiados. Nessa mesma época, a gestão de Juscelino Kubitschek toma medidas para impulsionar a indústria automobilística no país.

A disposição espacial da logística de transportes no Brasil caracteriza-se pela predominância do sistema rodoviário, concentrado na região Centro-sul. Apesar do potencial que o país possui de expansão de sua rede ferroviária, aproximadamente 61,1% da carga conduzida no ano de 2009, de acordo com a Confederação Nacional de Transportes (CNT), ainda aproveitou o modal rodoviário, cuja malha tem maior disseminação pelo país.

5. Consequências ambientais da concentração no modal rodoviário

O baixo aproveitamento energético de meios de transporte automobilísticos combinados com sua total dependência de combustíveis fósseis faz com que o modal rodoviário se apresente como o mais poluente de todos. No caso do Brasil, em termos de emissão de CO2 – o dióxido de carbono, ou gás carbônico, é a maior fonte de poluição atmosférica.

Entre os anos de 1994 e 2004, o consumo de combustíveis por parte do sistema rodoviário cresceu quase 40%, sendo que mais da metade desse total era de óleo dísel. Nessa época, 40% do gás carbônico emitido no país era proveniente do setor de transportes, sendo que 90% dessa parcela foi expelida pelo modal rodoviário.

Esse terrível cenário no Brasil, do ponto de vista tanto da sustentabilidade quanto da saúde pública, agrava-se com as indecisões e faltas de planejamento relacionadas ao Protocolo de Quioto. A partir de 2012, com o fim do primeiro prazo do acordo internacional para diminuir a emissão de gás carbônico, se instaurou a possibilidade de extensão das metas para países em desenvolvimento, o que requererá alternativas energéticas mais sustentáveis.

As pistas em péssimo estado de conservação podem representar um aumento de 50% no consumo energético dos veículos e esse é, sem sombra de dúvidas, o caso do Brasil. Uma vez que estradas em melhor estado de conservação exigem menor consumo de combustível por parte dos veículos, a manutenção da malha rodoviária é uma importante medida para diminuir a emissão de gases poluentes provenientes do transporte no país. Além disso, também podem ser feitos investimentos em áreas de pesquisa, a fim de desenvolver métodos para melhor aproveitamento energético por parte dos veículos de carga.

5. Consequências econômicas da concentração no modal rodoviário

O descaso em relação à manutenção das rodovias no Brasil provoca problemas financeiros para os responsáveis por sua administração, uma vez que podem resultar na total degradação da construção que precisaria, então, ser refeita. Há, ainda, os prejuízos para as empresas de logística, já que estradas em péssimo estado podem causar acidentes que representem danos tanto para os veículos como para as mercadorias transportadas.

O planejamento estratégico das ações logísticas deve levar em conta a combinação fatores socioambientais com questões comerciais e econômicas, o que pode acarretar investimentos reversos de valor agregado elevado. Dessa forma, a questão ambiental faz com que empresas escolham gerenciar o transporte, do consumidor ao produtor, a chamada Logística Reversa.

Entre as questões socioambientais levadas em consideração pela Logística Reversa estão as grandes massas de resíduos sólidos, em franco crescimento, por conta de as matérias-primas serem mais escassas atualmente e a consciência da população geral quanto à necessidade preservação ambiental ser mais aguda. Dessa forma, as empresas buscam soluções que acrescentam valor sensível aos seus produtos diante de seu público consumidor.

Entre as atividades que compõem a Logística Reversa estão:

- Manuseio de mercadorias devolvidas;
- Descarte e recuperação de sucatas;
- Doações de peças sobressalentes;
- Extração de materiais constituintes;
- Atividades de recuperação de produtos estocados em excesso nos armazéns;

- Processos industriais de desmontagens;
- Produtos que serão reprocessados para utilização em outras cadeias de abastecimento;
- Rastreabilidade;
- Reciclagem;
- Recolhimento de produtos que sofreram processos de obsolescência;
- Recuperação ou reabilitação;
- Reintegração tecnológica;
- Remanufatura;
- Retorno do produto à origem;
- Revenda do produto retornado;
- Sobras de produção;
- Venda do produto num mercado secundário.

Como algumas empresas ainda não conseguem atingir um volume comercial que torne viável a adoção de um sistema de transporte reverso ou simplesmente desconhecem os ganhos que essas práticas podem representar, o Brasil ainda carece de uma cultura mais sólida de práticas logísticas reversas.

Com a popularização da Logística Reversa, alcançaremos a redução dos danos ambientais, constituindo uma economia mais sustentável. Para isso, é de suma importância que o Governo Federal invista em programas de logística reversa. Isso poderia ser feito com a regulamentação formal, através da aplicação de instrumentos econômicos, que seriam a regulamentação referente ao uso de recursos ambientais, com o monitoramento do cumprimento e penalidades aos infratores.

Referências bibliográficas:

A matriz de transporte nos Estados Unidos da América. Disponível em: <https://portogente.com.br/artigos/18537-a-matriz-de-transporte--de-carga-dos-estados-unidos-da-america>.

BARTHOLOMEU, D. B., FILHO, J. V. C. Impactos econômicos e ambientais decorrentes do estado de conservação das rodovias brasileiras: um estudo de caso. *RESR*, Piracicaba, SP, vol. 46, nº 03, p. 703-738, jul/set 2008 – Impressa em outubro 2008.

Brasil Tem apenas 12% das rodovias pavimentadas. *Gazeta do Povo* – 16/10/2014. Disponível em: <http://www.gazetadopovo.com.br/economia/brasil-tem-apenas-12-das-rodovias-pavimentadas-ef0jti-9cxzd8yfszbmg0omz4e>.

BUDNY, J. *Avaliação dos efeitos de diferentes tipos de cal em misturas de concreto asfáltico.* TCC - Universidade Regional do Noroeste do Estado do Rio Grande do Sul - Departamento de Tecnologia - Curso de Engenharia Civil – Ijuí/RS, 2009.

COLAVITE, A. S., KONISHI, F. A matriz do transporte no Brasil: uma análise comparativa para a competitividade. *XII SEGET – Simpósio de Excelência em Gestão e Tecnologia* – 2015. p. 11

Concentração em um modal é desvantagem para o Estado – Logística. *Jornal do Comércio* / RS - Cad. de Logística. Disponível em: <http://www.intelog.net/site/default.asp?TroncoID=907492&SecaoID=508074&SubsecaoID=948063&Template=../artigosnoticias/user_exibir.asp&ID=036380&Titulo=Concentra%E7%E3o%20em%20um%20modal%20%E9%20desvantagem%20para%20o%20Estado>.

COSTA, Evelyn. *Transporte dutoviário de combustíveis no Brasil: desafios e oportunidade.* Disponível em: <http://www.ilos.com.br/web/transporte-dutoviario-de-combustiveis-no-brasil-desafios-e-oportunidade/>.

Estudo do Setor de Transporte Aéreo do Brasil – Relatório consolidado. 1ª edição. Rio de Janeiro: Mackinsey & Company, 2010.

Extensão de rodovias pavimentadas cresce 23% em 15 anos. Disponível em: <http://www.brasil.gov.br/infraestrutura/2016/05/extensao-de-rodovias-pavimentadas-cresce-23-em-15-anos>.

GUIMARÃES, V. A., CÂMARA, M. V. O., RIBEIRO, G. M., NETO, H. X. R., FILHO, R. D. O. Planejamento estratégico do transporte: implantação de estruturas de integração logística no Brasil. *ANPET – XXVIII Congresso de Pesquisa e Ensino de Transportes.* Curitiba – PR. p. 3

Logística dos Transportes no Brasil. Disponível em: <http://www.brasil.gov.br/infraestrutura/2014/11/ibge-mapeia-a-infraestrutura-dos-transportes-no-brasil>.

MARTINS, Cléber. *Gargalos Logísticos.* Disponível em: <http://logistica74.blogspot.com.br/2012/11/gargalos-logisticos.html>.

Matriz de Transporte. Disponível em: <http://www.fiesp.com.br/transporte-e-logistica/matriz-de-transporte/>.

Matriz de Transporte do Brasil. Disponível em: <http://oespacobrasileiro.blogspot.com.br/2012/01/matriz-de-transporte-do-brasil.html>.

MATTOS, W. C., SANTOS, S. S. A logística reversa como ferramenta competitiva e de sustentabilidade ambiental. *Revista Ensaios & Diálogos* – janeiro/dezembro de 2014.

Sobre o PAC. Disponível em: <http://www.pac.gov.br/sobre-o-pac>.

Transporte Rodoviário de Cargas – DEPEC / Departamento de Pesquisa e estudos econômicos. Disponível em: <www.economiaemdia.com.br>.

SALOMÃO, A., OTTA, L. A. *Impasses legais travam 30,5 bi de investimentos em rodovias privadas.* Disponível em: <http://economia.estadao.com.br/noticias/geral,impasses-legais-travam-r-30-5-bi-de-investimentos--em-rodovias-privadas.70001900636>.

Transportes no Brasil – Síntese histórica. Disponível em: <http://transportes.gov.br/conteudo/136-transportes-no-brasil-sintese-historica.html#republica>.

RODRIGUES, D. F., RODRIGUES, G. G., LEAL, J. E., PIZZOLATO, N. D. Logística Reversa – Conceitos e Componentes do Sistema. *XXII ENEGEP - Encontro Nacional de Engenharia de Produção* – Curitiba / PR, 23 a 25 de outubro de 2002. p. 2. Disponível em: <http://www.abepro.org.br/biblioteca/enegep2002_Tr11_0543.pdf>.

Exercícios
Matriz de transportes

1 – Quanto às medidas que seriam necessárias para melhorar nossa malha rodoviária, marque a opção correta:

a) Seria necessária apenas a reforma das rodovias que são consideradas ruins.
b) Seria necessário apenas obras de manutenção das estradas que estão em bom estado.
c) Seria necessária a reconstrução das estradas que se encontram em péssimas condições de conservação.
d) Seria necessário tanto obras de manutenção das estradas que estão em bom estado, quanto à reforma das rodovias que são consideradas ruins e a reconstrução das que se encontram em péssimas condições de conservação.
e) Seria necessária apenas a reforma das rodovias que são consideradas ruins e a reconstrução das estradas que se encontram em péssimas condições de conservação.

2 – Qual foi o presidente que deu o primeiro grande passo para a instauração de nosso sistema rodoviário? Assinale a alternativa correta:

a) Washington Luís
b) Juscelino Kubitschek
c) Getúlio Vargas
d) Ernesto Geisel
e) Lula

3 – Quanto às medidas tomadas por Juscelino Kubitschek, em relação aos modais rodoviário e ferroviário, assinale a alternativa incorreta?

a) Em 1956 o Governo Juscelino, com seu urgente Programa de Metas, conseguiu a aprovação por Lei do Plano Rodoviário Nacional e do Plano Ferroviário Nacional (Lei nº 2.975/1956).
b) Em princípios da década de 1950 o Governo Vargas tinha decidido centralizar a administração das 18 ferrovias da União, que totalizavam 37.000 km de linhas espalhadas pelo país.
c) No mesmo ano o Governo JK vai solidificar a implantação de uma indústria naval nacional, enquanto a construção de Brasília impulsionará o desenvolvimento rodoviário do Brasil.
d) A RFFSA tinha "a finalidade de administrar, explorar, conservar, reequipar, ampliar e melhorar o tráfego das estradas de ferro da União a ela incorporadas, cujos trilhos atravessavam o País, servindo as regiões Nordeste, Sudeste, Centro-Oeste e Sul".
e) Em 1957 foi criada a sociedade anônima Rede Ferroviária Federal S.A. – RFFSA.

4 – Sobre a logística de transportes no Brasil, marque a opção correta:

a) A logística de transportes no Brasil caracteriza-se pela predominância do sistema rodoviário, concentrado na região Norte-Nordeste.
b) A rede rodoviária é o modal com maior difusão pelo território nacional, apesar do potencial que o país tem para a expansão da rede ferroviária.
c) Cerca de 51,1% da carga transportada em 2009, segundo a Confederação Nacional de Transportes (CNT), utilizou o modal rodoviário.
d) Apenas 2% da carga transportada no país em 2009 foi movimentada por ferrovias, sendo que quase a totalidade é operada por empresas privadas.

e) Pelas hidrovias, terminais portuários fluviais e marítimos circula cerca de 4% da carga transportada pelo país e, pela via aérea, apenas 0,04%.

5 – Sobre o desequilíbrio da matriz de transportes no Brasil, marque a opção correta:

a) Assim, temos uma reduzidíssima distribuição de estradas de ferro e de hidrovias, potenciais de transporte pouco explorado, ainda mais em se tratando de um país de extensão continental, com grandes e caros deslocamentos.
b) Mesmo com esta distribuição regional em desequilíbrio, quando comparado a outros sistemas de transporte, o modal rodoviário tem uma vascularização e densidade muito maiores, predominando exclusivamente a circulação de mercadorias.
c) Temos uma altíssima distribuição de estradas de ferro e de hidrovias, potenciais de transporte pouco explorado, ainda mais em se tratando de um país de extensão continental, com grandes e caros deslocamentos.
d) Mesmo com esta distribuição regional em desequilíbrio, quando comparado a outros sistemas de transporte, o modal rodoviário tem uma vascularização e densidade muito maiores, predominando exclusivamente a circulação de pessoas.
e) Mesmo com esta distribuição regional em desequilíbrio, quando comparado a outros sistemas de transporte, o modal rodoviário tem uma vascularização e densidade muito menores, predominando na circulação de mercadorias e pessoas.

6 – Sobre o gargalo energético de nosso modal rodoviário, assinale a opção correta considerando as proposições verdadeiras e falsas:

I. Um gargalo rodoviário está no fato de que o transporte de cargas por estradas rodoviárias no Brasil gasta 90% de todo o combustível que o

setor de transporte demanda, sendo que movimenta cerca de 60% das cargas transportadas.
II. Esta desarmonia, considerando também a precariedade das rodovias, provoca a alta dos custos operacionais, que se reflete no aumento dos preços para o consumidor.
III. Isto tem consequências apenas para transações locais, prejudicando principalmente os ramos que dependem totalmente do meio rodoviário.

a) V, V e V
b) V, V e F
c) F, F e V
d) F, V e F
e) V, F e V

7 – Sobre a frota de caminhões no Brasil, assinale a alternativa correta.

a) A idade elevada de nossa frota de caminhões ocasiona alta na produtividade, maior consumo de combustível e mais gastos com acidentes e manutenção.
b) Temos dificuldades para renovar a frota, devido aos altíssimos juros cobrados nos financiamentos dos caminhões.
c) A idade elevada de nossa frota de caminhões ocasiona baixa na produtividade, menor consumo de combustível e menos gastos com acidentes e manutenção.
d) Tratando especificamente de nossa frota, a idade média dos cerca de 1,5 milhão de caminhões é bastante elevada: os veículos têm em torno de 17 anos, sendo de 8 anos a idade máxima recomendada.
e) Temos facilidades para renovar a frota, porque os caminhoneiros autônomos conseguem bons financiamentos.

8 – Sobre o principal problema da malha ferroviária no Brasil, marque a opção correta:

a) O principal problema dos trens e linhas ferroviárias no Brasil é o histórico privilégio dos investimentos recaírem preferencialmente sobre o modelo ferroviário.
b) O principal problema dos trens e linhas ferroviárias no Brasil é o histórico privilégio dos investimentos recaírem preferencialmente sobre o modelo rodoviário de "desenvolvimento".
c) Este fator está na base do problema mais aparente, que é a precariedade da estrutura hidroviária existente.
d) A falta de mais e melhores ferrovias decorre da falta de viabilidade topográfica e geográfica.
e) Este fator está na base do problema mais aparente, que é a precariedade da estrutura rodoviária existente.

9 – Quanto aos aspectos positivos de nosso modal ferroviário, assinale a alternativa incorreta:

a) Podemos dizer que nosso modal ferroviário de fato "funciona" pela boa capacidade de carga.
b) Nosso modal ferroviário tem bom desempenho por seu pequeno custo de transporte.
c) Do ponto de vista da sustentabilidade, nosso modal ferroviário é pouquíssimo poluente.
d) Nossas estradas de ferro cumprem longas distâncias, com eficiência energética alta; sendo baixo seu custo de manutenção.
e) E como convém ao modal ferroviário, nossas estradas são mais seguras que as rodovias, por seu número ínfimo de roubos e acidentes.

10 – Quanto ao conceito de matriz de transportes, assinale a alternativa correta:

a) Matriz de Transporte é o que se entende geralmente como o conjunto de toda a estrutura de transporte usada para transportar mercadorias e pessoas, feitos por uma nação, um estado ou uma empresa.
b) Matriz de Transporte é o que se entende geralmente como o conjunto de toda a estrutura de transporte usada para transportar exclusivamente mercadorias.
c) Matriz de Transporte é o que se entende geralmente como o conjunto de toda a estrutura de transporte usada para transportar exclusivamente passageiros.
d) O termo é usado mais no âmbito do transporte comercial de passageiros, e torna-se de suma importância no mundo dos negócios, visto que se busca ter a segurança de que seus produtos serão entregues.
e) O termo é usado mais no âmbito do transporte comercial de cargas, e torna-se de suma importância no mundo dos negócios, visto que se busca ter a segurança de que seus produtos terão preços reduzidos.

11 – Sobre os modais agrupados no conceito de transporte terrestre, assinale a opção correta?

a) Somente as ferrovias são tidas por transporte terrestre.
b) Somente as ferrovias e rodovias são tidas por transporte terrestre.
c) O modal ferroviário é o mais adequado meio de conectar pontos próximos, ainda que a construção e a manutenção de ferrovias sejam muito dispendiosas.
d) As ferrovias, rodovias e também as dutovias configuram o transporte terrestre, feito na superfície ou mesmo subterrâneo.
e) A manutenção das rodovias acaba sendo uma vantagem, pois sob um modelo econômico que leva ao tráfego intenso de pequenos caminhões transportando cargas leves, é ínfimo o impacto que assimilam.

12 – Quais são as dimensões da malha hidroviária brasileira? Assinale a opção correta:

a) Nossa malha hidroviária possui aproximadamente 20 mil quilômetros de vias fluviais.
b) Nossa malha hidroviária possui aproximadamente 43 mil quilômetros de vias fluviais. Deste total, 8 mil são navegáveis.
c) Nossa malha hidroviária possui aproximadamente 43 mil quilômetros de vias fluviais. Deste total, 28 mil são navegáveis e ainda podem ser aproveitados outros 15 mil. Temos apenas 1 mil quilômetros de hidrovias já instauradas.
d) Nossa malha hidroviária possui exatamente 43 mil quilômetros de vias fluviais.
e) Nossa malha hidroviária possui aproximadamente 43 mil quilômetros de vias fluviais. Deste total, 28 mil são navegáveis e ainda podem ser aproveitados outros 15 mil. Temos apenas 10 mil quilômetros de hidrovias já instauradas.

13 – Sobre o Custo Brasil, marque a alternativa correta:

a) É o custo total que o país gasta com operações logísticas.
b) Trata-se de um conceito econômico que designa o conjunto de complexidades burocráticas, econômicas e estruturais que tornam mais vantajoso investir no Brasil. Isto traz benefícios para o desenvolvimento do país, faz crescer a sonegação de impostos, o desemprego, o trabalho informal e a evasão de divisas.
c) É o custo total que a iniciativa privada do país gasta com operações logísticas.
d) Trata-se de um conceito econômico que designa o conjunto de complexidades burocráticas, econômicas e estruturais que tornam mais caro investir no Brasil. Isto traz agravantes para o desenvolvimento do país, faz crescer a sonegação de impostos, o desemprego, o trabalho informal e a evasão de divisas.

e) É o custo total das tributações sobre operações logísticas no Brasil.

14 – Sobre o antipó, assinale a alternativa correta:

a) O antipó acarreta benefícios à logística de transportes.
b) Muitas estradas asfaltadas recebem o tratamento de antipó.
c) O antipó traz benefícios, principalmente ao transporte de grãos em caminhões.
d) O antipó acarreta prejuízos principalmente no transporte de flores e frutas em caminhões.
e) Trata-se de um produto que elimina a poeira, previne contra a formação de lama e demais avarias que possa sofrer o leito das estradas.

15 – Sobre o transporte dutoviário, assinale a opção incorreta:

a) O transporte dutoviário divide-se em Oleodutos, Minerodutos e Gasodutos.
b) Pelos minerodutos, por sua vez, transporta-se principalmente o minério de ferro, o sal-gema e o Concentrado Fosfático.
c) Nos oleodutos são transportadas as cargas de petróleo, gasolina, álcool etanol, diesel, querosene etc.
d) O transporte dutoviário divide-se em Oleodutos e Minerodutos.
e) Por fim, pelos gasodutos é transportado o gás natural.

16 – Sobre o PAC e o PNLT, assinale a opção correta.

a) O PAC concorria para a correção da matriz de transporte brasileira, procedendo com planejamento de longo prazo. (
b) A estratégia do PAC era resgatar o planejamento e cancelar temporariamente os investimentos para os setores de infraestrutura.

c) Lançado em 2017, o PAC – Programa de Aceleração do Crescimento visava retomar o planejamento e execução de obras de infraestrutura, com benefícios sociais, logísticos e energéticos para o país.
d) O PNLT – Plano Nacional de Logística de Transportes, com o norteamento dos investimentos por 15 anos, visava a redução dos custos do transporte no país, beneficiando apenas as exportações.
e) Para tanto o plano visava identificar e racionalizar os custos de toda a cadeia logística, da origem ao destino dos transportes, e também adequar a matriz atual, por meio do uso moderado dos modais com grande desempenho produtiva.

17 – A propósito da decadência de nosso modal ferroviário, marque a opção correta?

a) Pelo histórico da logística de transportes no Brasil, pode-se afirmar que a decadência de nosso modal ferroviário coincide com início da implantação do modelo hidroviário em nosso país.
b) Até a década de 1820, a maior parte dos transportes se dava por hidrovias e ferrovias.
c) Pelo histórico da logística de transportes no Brasil, pode-se afirmar que a decadência de nosso modal ferroviário coincide com início da implantação do modelo rodoviário em nosso país.
d) Já por volta de 1922, havia no Brasil aproximadamente 29.000.000 km de ferrovias, com um aparato de 30.000 vagões distribuídos em 2.000 locomotivas a vapor.
e) Pelo histórico da logística de transportes no Brasil, pode-se afirmar que a decadência de nosso modal ferroviário coincide com início da implantação do modelo rodoviário em nosso país.

18 – Quais outras vantagens decorrem da boa conservação das rodovias? Assinale a alternativa incorreta:

a) Contribuiria para a diminuição do tempo de viagem.
b) Contribuiria para uma melhor manutenção dos veículos.
c) Estradas conservadas podem ser mais econômicas, pois exigem menos combustível.
d) Estradas conservadas são é um benefício também ambiental, visto que diminuem também os níveis de CO2 emitido.
e) Diminuição da necessidade de investimento em outros modais de transporte.

19 – No contexto brasileiro, qual seria a solução para o impacto ambiental do rodoviarismo? Assinale a alternativa incorreta:

a) O contexto demanda soluções visando um menor consumo de CO2 pelo modal hidroviário, reduzindo as emissões de gás carbônico no país.
b) Pela importância do rodoviarismo para a economia brasileira, o que proporcionaria benefícios para a economia seria a adoção alternativas que diminuíssem custos.
c) Pela importância do rodoviarismo para a economia brasileira, o que proporcionaria benefícios para a economia seria a eficiência energética, pelo estímulo à competição. pela redução da dependência que temos dos combustíveis fósseis.
d) O contexto demanda soluções visando um menor consumo de CO2 pelo modal rodoviário, reduzindo as emissões de gás carbônico no país.
e) Pela importância do rodoviarismo para a economia brasileira, o que proporcionaria benefícios para a economia seria a eficiência energética, pela redução da dependência que temos dos combustíveis fósseis.

20 – Sobre os itens que integram o conjunto de objetivos da Logística Reversa, marque a opção incorreta:

a) recolhimento de sobras de produção;

b) recolhimento de produtos que sofreram processos de obsolescência;
c) atividades de destruição de produtos estocados em excesso nos armazéns;
d) manuseio de mercadorias devolvidas;
e) manuseio produtos que serão reprocessados para utilização em outras cadeias de abastecimento;

21 – Sobre os fatores que tornam difícil a aplicação da Logística Reversa no Brasil, marque a opção correta considerando as proposições verdadeiras e falsas:

I. Isto acontece devido à impossibilidade de algumas organizações em atingir escala, isto é, alcance de um volume que torne economicamente viável a implementação do fluxo reverso;
II. Isto acontece devido ao desconhecimento quanto à importância da adoção de práticas de logística reversa para a sustentabilidade ambiental do planeta tanto por parte de alguns gestores quanto por parte de uma parcela da sociedade.
III. Isto acontece devido ao desconhecimento, apenas por parte de alguns gestores, quanto à importância da adoção de práticas de logística reversa para a sustentabilidade ambiental do planeta.

a) V, V e V
b) V, V e F
c) F, F e V
d) F, V e V
e) F, V e V

22 – Sobre a matriz norte-americana, assinale a opção incorreta:

a) Na matriz de transporte norte-americana predomina o modal rodoviário, com 70%.
b) Devemos também considerar os cálculos de TQU – Toneladas por Quilômetros Úteis, que têm o objetivo de mensurar o esforço físico a partir da relação entre a distância percorrida e a tonelagem transportada.
c) O modal dutoviário, por meio dos gasodutos, temm 25% do montante total de operações.
d) Na matriz de transporte norte-americana predomina o modal rodoviário, com 50%.
e) Os modais hidroviário e ferroviário têm papeis importantes na movimentação de cargas naquele país.

23 – Como se pode explicar o excelente desempenho de todos os modais nos EUA? Marque a opção correta:

a) A ótima performance de suas ferrovias e hidrovias explica-se na intensa utilização dos eixos de transporte, com equipamentos tecnologicamente avançados, com locomotivas e vagões de alta tonelagem.
b) A má performance de suas ferrovias e hidrovias explica-se na intensa utilização dos eixos de transporte.
c) A ótima performance de suas aerovias e dutovias explica-se na intensa utilização dos eixos de transporte, com equipamentos tecnologicamente avançados, com locomotivas e vagões de alta tonelagem.
d) Na malha ferroviária norte-americana os comboios têm alta capacidade para transportar cargas volumosas e pesadas por distâncias longas.
e) Trata-se, enfim, de um excelente aproveitamento dos modais hidroviário e ferroviário.

24 - Sobre os aspectos negativos de nosso modal ferroviário, marque. A alternativa correta:

a) A necessidade de pouco investimento para sua completa implantação.
b) A agilidade dos transportes, devido ao modo com que opera as cargas e descargas.
c) Os trilhos ociosos, sem operação.
d) A flexibilidade do ponto de vista da intermodalidade, por sua malha ser muito pouco extensa, sem que promova a integração dos estados brasileiros.
e) Utilizamos menos que a metade de nossa malha, apenas 15 mil quilômetros.

25 – Qual seria a principal medida a ser tomada para acabar com os gargalos ferroviários no Brasil? Assinale a alternativa correta:

a) A principal medida seria aumentar o número de trens
b) A principal medida seria aumentar os ramos de nossa rede ferroviária. Há 30 anos o Brasil mantém seus 19.314 quilômetros de malha.
c) Uma política de incentivo ao uso de energias renováveis visando a enfraquecer no país a cadeia do petróleo e seus produtos derivados.
d) A padronização dos trilhos para apenas uma bitola
e) A principal medida seria aumentar os ramos de nossa rede ferroviária. Há 40 anos o Brasil mantém seus 29.314 quilômetros de malha.

26 – Sobre a dimensão e a situação das rodovias brasileiras, marque a opção correta:

a) São precárias as condições das estradas, extensão, mas não em qualidade.
b) São excelentes as condições das estradas, tanto em extensão quanto na sua qualidade.
c) Com uma infraestrutura precária, todos estes fatores se refletem tanto em desperdício como no aumento nos custos logísticos.

d) Quanto à extensão, medida na relação entre o total da quilometragem da via e o espaço geográfico (em km2), a oferta de rodovias no Brasil é menor que a de países como o México.
e) Quanto à extensão, a oferta de rodovias no Brasil é menor que a de países como a Guatemala.

27 – Em 2001 foi instituída a CIDE – Contribuição de Intervenção no Domínio Econômico, por meio da Lei 10.336. Marque a opção correta:

a) Esta contribuição recai sobre a importação e a comercialização de petróleo e seus produtos derivados, tais como o gás natural e o etanol, de modo que seus recursos sejam repassados para o financiamento da infraestrutura em transportes.
b) Esta contribuição recai apenas sobre a importação e a comercialização de petróleo.
c) Entre os anos de 1992 e 2005 por volta de 30 bilhões de reais foram recolhidos pela Cide, mas ainda em 2006 o investimento em transportes tinha sido somente cerca de 9 bilhões de reais.
d) Não obstante seus fins previstos em lei, a Cide teve seus recursos usados em programas sociais.
e) Esta contribuição recai sobre a importação e a comercialização de petróleo e seus produtos derivados, tais como o gás natural e o etanol, de modo que seus recursos sejam repassados para o financiamento de programas sociais.

28 – Quanto ao Plano Estratégico 2030 da Petrobras, marque a opção correta:

a) A média nacional de produção de petróleo de 2003 foi de 1,93 Mbpd.
b) No Plano Estratégico 2030 da Petrobras consta o anúncio de que a produção de petróleo chegará a 40,2 milhões de barris de petróleo / dia no ano de 2020.

c) Tais investimentos consideram o aumento da produção de gás e petróleo.
d) Estão previstos investimentos de 22,6 bilhões de dólares.
e) Tais investimentos consideram o aumento de 67% da capacidade de refino de petróleo e de produtos dele derivados.

29 – Sobre a cobertura da rede aérea brasileira, assinale a opção correta considerando as proposições verdadeiras e falsas:

I. Atualmente a cobertura da rede aérea brasileira conta com a disponibilidade de aeroportos e com distribuição adequadas.
II. Do ponto de vista financeiro, as empresas aéreas estão estabilizadas e com metas de expansão, devido a isenções tributárias proporcionadas pela ANTT.
III. Isto se refletiu em menos competitividade, com estagnação do setor e em preços altos para o consumidor, com aumento de 48% do valor médio das passagens.

a) V, V e F
b) F, F e V
c) V, F e F
d) F, V e F
e) V, V e V

30 – Sobre o conceito de transporte dutoviário, assinale a afirmativa incorreta:

a) São transportados por dutovias produtos tais como grãos.
b) São transportados por dutovias produtos tais como petróleo e outros produtos gasosos.
c) São transportados por dutovias produtos tais como minérios.

d) Transporte Dutoviário ou Tubular é o que designa a movimentação, por curta distância, de gases e líquidos combustíveis.
e) São assim chamados por suas estruturas serem feitas de dutos tubulares ou cilíndricos.

31 – Sobre o modal aéreo, marque a opção correta considerando as proposições verdadeiras e falsas.

I. O transporte aéreo é feito pelo ar por aviões.
II. É definitivamente muito caro.
III. São utilizados para carregar mercadorias pesadas, tais como minérios, granéis e maquinário industrial.

a) V, V e V
b) V, V e F
c) F, V e F
d) V, F e F
e) F, F e V

32 – Sobre o transporte de mercadorias no Brasil, assinale a alternativa correta:

a) Os altos custos do transporte de mercadorias no Brasil são fruto da alta tributação sobre as operações.
b) Nossos outros rivais menores não conseguem equilibrar sua matriz de transporte de modo a utilizar intensamente suas hidrovias e ferrovias.
c) Todos os nossos maiores rivais na concorrência possuem território de extensões continentais.
d) Nossos principais concorrentes na exportação de commodities agrícolas são capazes de oferecer mais reduzidos custos no transporte de cargas.

e) Os baixos custos do transporte de mercadorias no Brasil são fruto do equilíbrio de nossa matriz.

33 – Sobre os hub ports, marque a opção correta considerando as proposições verdadeiras e falsas:

I. São os "portos concentradores" ou seja, um porto que centralize as linhas da malha aquaviária e a distribuição de mercadorias.
II. Esta estrutura decorre dos planos de ter navios menores e de concentrar as rotas reduzindo as escalas das maiores companhias de navegação do mundo.
III. Assim, os outros portos de nossa rede hidroviária passam a compor um sistema de pontos de distribuição, via navegação pelos rios do interior do país.

a) V, V e V
b) V, V e F
c) F, V e V
d) F, F e F
e) V, F e F

34 – Qual seria a solução para os gargalos dos portos brasileiros? Marque a alternativa incorreta:

a) Isto se daria por meio da modernização estrutural dos depósitos.
b) Modernização dos armazéns.
c) Modernização dos terminais específicos para grãos, minérios e contêineres.
d) Modernização estrutural dos berços para atracação e de canais de acesso para grandes navios.
e) Felizmente, estas modernizações demandam pouco investimento.

35 – Quanto às dimensões de nosso modal rodoviário, assinale a opção correta:

a) Somente 96.280 km de nossos mais de 1.603.131 milhões de quilômetros de rodovias estão pavimentados com asfalto.
b) Somente 196.280 km de nossos mais de 2.603.131 milhões de quilômetros de rodovias estão pavimentados com asfalto.
c) Somente 196.280 km de nossos mais de 1.603.131 milhões de quilômetros de rodovias estão pavimentados com asfalto, sendo que 64,9% de nosso modal rodoviário apresentam problemas ou mesmo sérios comprometimentos.
d) Somente 196.280 km de nossos mais de 1.603.131 milhões de quilômetros de rodovias estão pavimentados com asfalto, sendo que 47,9% de nosso modal rodoviário apresentam problemas ou mesmo sérios comprometimentos.
e) Somente 196.280 km de nossos mais de 1.603.131 milhões de quilômetros de rodovias estão pavimentados com asfalto, sendo que 74,9% de nosso modal rodoviário apresentam problemas ou mesmo sérios comprometimentos.

36 – O que torna uma matriz de transporte eficiente? Assinale a afirmativa correta:

a) É eficaz a matriz de transporte que considera apenas as características econômicas da região onde atua.
b) É eficaz a matriz de transporte que considera apenas as características sociais da região onde atua.
c) É eficaz a matriz de transporte que considera apenas as características socioeconômicas da região onde atua.
d) Considera-se eficaz a matriz de transporte que equaciona as características socioeconômicas da região onde atua e as distâncias a serem cobertas pelas operações de transporte, e que possibilite que as pessoas e as cargas sejam movimentadas a preços menores e em menos tempo.

e) Se estiver fortemente estruturada, a matriz de transporte aumenta o preço das mercadorias, ajudando seus países na concorrência global.

37 – Em que estado se encontra a matriz de transportes brasileira? Marque a opção correta considerando as proposições falsas e verdadeiras:

I. É preciso haver um equilíbrio em nossa matriz de transporte.
II. Porém, no Brasil existe desequilíbrio na utilização de nossas malhas viárias mais comumente usadas – a aeroviária, dutoviária, hidroviária, ferroviária e rodoviária.
III. Isto é maléfico para o país, pois impede o pleno escoamento de tudo o que produzimos, e disso decorrem grandes prejuízos.
IV. Não bastasse este desequilíbrio, a qualidade ruim da matriz de transporte interfere negativamente no processo, já que impede que se possa economizar recursos.

a) F, V, F e V
b) V, F, F e V
c) F, V, V e V
d) V, V, V e F
e) V, V, V e V

38 – Sobre o gargalo hidroviário na matriz de transportes no Brasil, marque...

a) O único gargalo hidroviário de nossa matriz de transportes são as questões de engenharia em nossos armazéns.
b) O único gargalo hidroviário de nossa matriz de transportes são as questões de engenharia em nossos portos, acarretando problemas no atracamento de pequenos navios.

c) O único gargalo hidroviário de nossa matriz de transportes são as questões de engenharia em nossos portos, acarretando problemas no atracamento de grandes navios, sendo que todos os nossos portos são tidos como muito rasos.
d) A falta da exploração comercial de nossa navegação por cabotagem.
e) Um gargalo hidroviário de nossa matriz de transportes são as questões de engenharia em nossos portos, acarretando problemas no atracamento de grandes navios, sendo que alguns de nossos portos são tidos como muito rasos.

39 – Sobre as consequências de termos uma malha rodoviária insuficiente e sobrecarregada, marque a opção incorreta:

a) A situação que temos, a de uma malha rodoviária ao mesmo tempo insuficiente e sobrecarregada, leva ao lento e gradual desgaste das estradas.
b) A situação que temos, a de uma malha rodoviária ao mesmo tempo insuficiente e sobrecarregada, leva ao rápido desgaste das estradas.
c) A degradação das vias rodoviárias encarece a manutenção dos caminhões.
d) A degradação das vias rodoviárias aumenta o número de acidentes e o tempo nos deslocamentos.
e) Em nível macroestrutural, na América do Sul o estado precário da malha rodoviária leva a grandes prejuízos.

40 – Sobre a relação entre o desgaste das estradas e o desempenho econômico das operações rodoviárias, assinale a alternativa correta:

a) Estradas em diferentes estados de conservação diferentes apresentam resultados econômicos idênticos.
b) A problemática condição das vias não encarece a manutenção de seus veículos de carga.

c) Estradas em estados de conservação similares podem apresentar resultados econômicos diferentes.

d) A problemática condição das vias encarece a manutenção de seus veículos de transporte de passageiros.

e) Estradas em diferentes estados de conservação diferentes apresentam resultados econômicos também diferentes.

Gabarito:

1 - D
2 - A
3 - C
4 - B
5 - A
6 - B
7 - D
8 - B
9 - D
10 - A
11 - D
12 - E
13 - D
14 - E
15 - D
16 - A
17 - C
18 - E
19 - A
20 - C
21 - B
22 - D
23 - A
24 - C
25 - E
26 - D
27 - A
28 - C
29 - C
30 - D
31 - B
32 - D
33 - E
34 - E
35 - E
36 - D
37 - E
38 - E
39 - A
40 - E

Impresso em papel pólen soft 80g/m²,
tipologias Crimson Text e Gosha Sans, no outono de 2019.